本书所有版税捐赠予民营慈善基金

历代经济变革

浮夫

吴晓波 著

浙江大学出版社
ZHEJIANG UNIVERSITY PRESS

道之将行也与,命也;道之将废也与,命也。
孔丘
《论语·宪问》

史家对以往史实的兴趣,永远与他对当前生活的兴趣连成一体。
[意大利] 克罗齐
《作为思想和行动的历史》

青春逝去,光阴荏苒,人届中年;人生苦短,活动范围日蹙。……我只能考虑当代主题。实际上,公众感兴趣、我也感兴趣的只有我们时代的事。
[法国] 托克维尔
与友人的信

目　录
Contents

研究中国的方法

崛起或崩溃,是一个问题

关于中国经济变革的争论一直存在,但从来没有像当前这样两极化。

根据英国《经济学人》杂志出版的《2050 年趋势巨流》(*Megachange*：*The World in 2050*)一书中的计算,中国经济将在 2030 年前后超过美国,成为全球第一大经济体,到 2050 年,中国的经济总量将占全球的 20％。[①]《经济学人》的数据与中国经济学家林毅夫的计算[②]基本一致。在此基础上,曾经出任美国财政部部长、哈佛大学校长的劳伦斯·萨默斯进而给出了一个历史性的长期结论,在他看来,300 年以后的历史书会把冷战的结束作为第三等重要的事件,把伊斯兰世界和西方世界的关系作为第二等重要的事件,而头等重要的事件是发展中国家的崛起,尤其是中国和印度的崛起,以及这些国家与发达国家的关系和互动。[③]

---

①　丹尼尔·富兰克林、约翰·安德鲁斯：《经济学人权威预测：2050 趋势巨流》,罗耀宗译,天下杂志股份有限公司 2012 年版,第 217—218 页。

②　林毅夫：《解读中国经济》,北京大学出版社 2012 年版,第 9 页。

③　陈晋：《哈佛经济学笔记》,江苏文艺出版社 2010 年版,第 35 页。

对于西方人来说,面对中国经济崛起这一事实,最困难的不是预测和计算,而是如何解释。

2013 年 1 月,诺贝尔经济学奖得主、年届 103 岁高龄的罗纳德·科斯出版《变革中国:市场经济的中国之路》一书。在过去几年里,这位当世最高寿的经济学家对中国经济产生了浓厚的兴趣——尽管他从未踏上过这个陌生国家的土地,在 2008 年,中国改革开放 30 年之际,他自己出资在芝加哥召开中国经济转型研讨会,之后又倾力完成了这部著作。在这本书里,科斯对中国经济变革给出了三个基本性结论:一是"最伟大",他认同经济学家张五常的观点,认为开始于 1978 年的中国经济转型是"历史上最为伟大的经济改革计划";二是"非计划","引领中国走向现代市场经济的一系列事件并非有目的的人为计划,其结果完全出人意料";三是"意外性",科斯将中国的崛起视为哈耶克"人类行为的意外后果"理论的一个极佳案例。他的这三个基本性结论表明,在现有的制度经济学框架中无法完整地解释中国经济的崛起。①

与上述声音相比,另外的相反性意见似乎更为尖锐。

2012 年初,同为诺贝尔经济学奖得主、因准确预言 1997 年亚洲金融危机而广为人知的保罗·克鲁格曼在《纽约时报》发表专栏文章,认为中国经济正在崩溃。他的主要论据是,中国居民消费支出只占国民生产总值(GNP)的 35%,更多依靠贸易顺差维系工业的正常发展,更为严重的是中国投资支出占国内生产总值(GDP)的 50%,而其中很大程度上是由不断膨胀的房地产泡沫造成的,这与美国发生金融危机前的情况非常类似。他在文章的结尾调侃:"世界经济已经饱受欧洲金融危机之苦,我们真的不需要一个新的危机发源地。"几乎同时,美国《外交政策》杂志也刊载了题为《2012 年中国即将崩溃》的文章,认为中国的体制、法律、经济结构、人口结构等问题会成为即将崩溃的原因。

---

① 罗纳德·科斯、王宁:《变革中国:市场经济的中国之路》,徐尧、李哲民译,中信出版社 2013 年版,"序"第 1 页。

在华人经济学家中，长期悲观论颇为流行，不少自由派学者否认中国模式的存在。耶鲁大学的黄亚生教授多次撰文认为"中国经济的发展模式并不独特"，在他看来，"如果以亚洲各主要工业国经济起飞的不同年份作为出发点来比较，中国经济的增长速度并不足为奇。无论是中国的成功经验还是发展困境，都不是中国特有的，都可以从世界其他国家的身上找到影子"。[1]

经济学界的两极化分歧不但没有消解中国经济崛起的魅力，反而使之显得更加迷人。当理论和数据都无法给予清晰判断的时候，我想起了约瑟夫·熊彼特的那句名言："人们可以用三种方式去研究经济：通过理论、通过统计和通过历史。"于是，回到"中国历史的基本面"，从历代经济变革中探研得失，寻找规律与逻辑，也许是一次不错的探险。——这正是本书创作的起点。

"分久必合，合久必分"，是谁家的"大势"？

每一个中国男孩，几乎都是从《三国演义》开始了解本国历史的。我读书读到小学三年级的时候，从邻居家的旧书架上捞到一本泛黄毛边、繁体字版的《三国演义》。展卷阅读，罗贯中先生的第一行字就把 11 岁的我给镇住了："话说天下大势，分久必合，合久必分。"

直到 30 多年后，在书堆里埋头日久的我才突然抬起头来，想找罗先生问几个问题：为什么天下大势必须"分久必合，合久必分"？为什么不可以分了就不再合？为什么合了就必定会再分呢？"分久必合，合久必分"，到底是"中国的大势"，还是"天下的大势"？

这些当然是非常有挑战性的学术问题，美国历史学会会长、中国史专家魏斐德甚至将最后一个问题看作西方历史与东方历史的"区别点"。

---

[1]　郭巍：《黄亚生："中国模式"并不独特》，《国际金融时报》2011 年 7 月 1 日，第 2 版。

中国与欧洲在早期都是从部落制进化到了城邦制,东方的春秋战国正与西方的古希腊同期。孔子周游列国的时候,毕达哥拉斯正在意大利南部传授几何学;孟子出生的时候,亚里士多德是一位 12 岁的翩翩少年。公元前 360 年,东方发生了第一次重要的集权式变法——商鞅变法,西方则在公元前 356 年出现了亚历山大帝国。汉武帝(前 156—前 81 年)进行中央集权制度的试验时,西方的凯撒大帝(前 102—前 44 年)也让高度集权的帝制替代了共和制。从公元前 2 世纪到公元 3 世纪,东西方世界分别出现了双峰并耸的、大一统的大汉王朝与罗马帝国。公元 184 年,汉帝国陷入内乱,之后进入了将近四百年的三国魏晋南北朝时期,罗马帝国也在外族的侵略下分崩瓦解。之后,东西方历史突然开始了"大分流"。中国在公元 589 年重新实现了统一,从此再也没有长期分裂过。而欧洲进入黑暗的中世纪,经历了漫长的封建制时期,便再也没有统一过,尽管在 2000 年出现了欧元,实现了货币意义上的"统一",可是在 2008 年的金融危机之后,欧元的存废又成了一个众说纷纭的话题。魏斐德的问题正是:"在世界上第一批帝国——罗马和汉朝——崩溃后,中国历史和欧洲历史为何差异起来呢?"

这似乎是一个很难有标准答案的历史悬案,你尽可以从地理条件、民族心理、宗教语言以及偶然性等角度来给出解释。魏斐德给出的答案很简洁,但在我看来却像手术刀一样精准,他说,"统一是中国的一种文化"。[①]

统一的文化为中国赢得了历史性的荣光,在《历史研究》一书中,英国历史学家汤因比称中国为"唯一延续至今的社会",根据他的统计,人类历史上出现过 21 个文明社会,其中,中国社会是文明特征保留得最为完整的样本。而这一成就正得自于"统一的文化"。

中国人最害怕、最不愿意、最讨厌、最不能容忍的事情,就是"分裂"。统一是一个宿命般的、带有终极意义的中国文化,是考察所有治理技术的边界,尽管

---

① 魏斐德:《讲述中国历史》,梁禾主编,东方出版社 2008 年版,第 29 页。

统一本身并不能保证政治和经济的发展，甚至连汤因比都无法确认统一到底是"目的本身"，还是"达成目的的手段"，不过他确定地认为："大一统国家的成功崛起最终终结了'乱世'，亲身经历了这一过程的一代人对于大一统国家自然是无比向往、感激涕零。"①

任何选择都有代价，统一也不例外。若将这个汉字组合拆解开来，"统"者"归总"，"一"者"划一"，这个词的背后隐隐约约地站立着三个让人望而生畏的"怪物"：集权、独裁、专制。这似乎是一枚硬币的两面，你别无选择。

两个研究工具及两个结论

在一个疆域辽阔、人口众多、民俗纷杂的地区维持长期统一，是一项十分艰巨的工作，治国者必须在社会各阶层的利益分配和基本制度建设上有卓越的智慧，由此，我得出了两个观察和分析的工具。

首先是四大利益集团博弈法。我认为，发生于历史以及当下的所有中国问题，都是中央政府、地方政府、有产阶层和无产阶层，这四大利益集团互相争斗、博弈和妥协的结果。

其次是四大基本制度分析法。与其他国家相比，中国最独特之处在于，我们是唯一保持了两千年中央集权制度的国家，也是当今世

中央政府	地方政府
无产阶层	有产阶层

四大利益集团格局图

界上前三十大经济体中唯一保持这一制度的国家。这种中央集权、大一统的国家模式并非一日建成，它经历了一个漫长、血腥和充满探索的过程。对于专制

---

① 阿诺德·汤因比：《历史研究（下卷）》，郭小凌、王皖强等译，上海人民出版社2010年版，第590页。

者来说,想要维持集权统治,必须在中央与地方的权力分配模式、全民思想的控制模式、社会精英的控制模式以及与之相配套的宏观经济制度模式这四个方面完成制度建设。中国历史上的众多制度创新,从本质上来说,都围绕着四大基本制度而展开。在前工业文明时期,它们分别呈现为——

郡县制度:为了保证帝国的稳定,在政治上必须保证中央的人事任命权,避免地方割据势力的滋生;

尊儒制度:扼杀"百家争鸣"的学术传统,以实现全民在意识形态上的大统一;

科举制度:通过公平的考试制度,将社会精英吸纳到体制之内为我所用;

国有专营制度:在经济上,实行重要资源的国营化垄断,以控制国计民生。

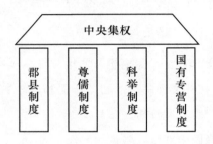

中央集权与四大基本制度

这四个基础性制度,如四根"支柱"共同支撑起集权政体的"大厦",它们的共性就是追求各个利益集团在行为及思想上的一致性,维持"自上而下的控制"。历经上千年的打磨和探索,这些制度日渐趋于精致完善,在明清时期达到巅峰。如梁启超所言:"中国为专制政体之国,天下所闻知也。虽然,其专制政体,亦循进化之公理,以渐发达,至今代而始完满。"[①]在这个意义上,中国实在是大一统制度的"故乡"。及至于近当代,中国在全球化浪潮的推动下开始了艰难的现代化转型,上述四大制度中的很多内容都发生了重大改变,但是,维持大一统、实行威权治理的基本理念无实质性更变,因此,制度创新的目标与手段依然

① 梁启超:《李鸿章传》,百花文艺出版社 2000 年版,第 8 页。

共轨同辙,体现出鲜明的延续特征。对于面向未来的中国变革,此乃最为严峻的命题之一。

本书正是沿着历史的脉络,以经济制度的变革为核心主题,做一次跨时空的平铺直叙。

在第一讲和第二讲中,我将讲述中国在完成大一统之前的两次重要变法——公元前 7 世纪的"管仲变法"和公元前 4 世纪的"商鞅变法",管仲的"四民分业"思想、盐铁专营政策以及商鞅在土地私有化、郡县制、户籍制、军爵制上的大胆试验,皆具开创之功,它们分别提供了两个颇为极致的治理模型,如同左右极般地站在后世历次变革的两端。

第三讲"汉武帝变法"是一个重点,在这场长达半个世纪的大变革中,中国完成了帝国模式的建设,汉武帝倡导"独尊儒术"奠定了全民思想控制的基本模式,他围绕产业、流通、货币及财税等核心经济命题,施行了史上第一次整体配套体制改革,其颁布的诸多经济政策为后世所借鉴仿效。第四讲的"王莽变法",是一位儒生皇帝对汉武帝的极端化模拟,这是历史上第一次,也是非常短命的古典社会主义试验。

第五讲和第六讲,分别讲述中华文明史上最繁荣鼎盛的两个朝代——唐朝和宋朝的政治经济变革。唐太宗以史上最小之政府造就最强之帝国,开创了盛极一时的"贞观之治",然而 130 年后,制度上的缺陷使唐朝难逃"安史之乱"的劫难。宋太祖果断地削夺了地方藩镇的权力,化解了地方政府对中央政府的权威挑战,有宋一朝在经济制度上的创新为历代之最,北宋后期的"王安石变法"更是一次转折性事件,是帝制时期的最后一次整体配套体制改革,东西方文明也在此时分道扬镳。

第七讲"明清停滞"试图回答这些问题:为什么在经历了上千年的发展后,中国会掉进长达 500 年的"高水平停滞"陷阱;明清两朝的闭关锁国政策是一次胆怯的被动行为,还是自信的主动决策;中国人在经济创新和科技创新上的能力退化是怎么发生的;"男耕女织"的社会经济形态是如何形成的。

从第八讲"洋务运动"开始，中国以"东亚病夫"的姿态被拽入全球化洪流，重新驶上积极变革的轨道，这是中国历史上的第一次输入式改革，其过程痛苦被动，耗尽一代精英的心血。晚清的洋务运动与日本的明治维新几乎同时起步，却造成完全不同的国运结局，期间发生的两次"国进民退"事件值得后人警惕。

第九讲"两个民国"提供了两个从理念到模式均南辕北辙的变革样本，一个是极度自由放纵的市场经济运动，另一个是以"统制经济"为名义的集权变革，无一例外的是，它们都以失败告终。中国的现代化运动在这一时期实际上已陷入进退维艰的闭环型矛盾之中。

第十讲、第十一讲和第十二讲是关于中华人民共和国的经济变革简史，1949 年之后的 20 多年间，进行的是一场意识形态气息浓烈、以消灭私人资本为目标的计划经济大试验，它曾经取得过辉煌的经济成就，然而最终将中国拖进了一个停滞混乱的泥潭。1978 年之后的改革开放则又分为"放权让利"和"集权回归"两个阶段，中国崛起为全球第二大经济体，而体制上的种种羁绊又让改革的长期前途显得扑朔迷离。

上述十二讲，始于遥远的公元前 7 世纪，止于当下的 2013 年，漫长的叙述宛如一次疲倦的旅行，对于写作者和阅读者都是一次智力、体力考验。在闭门创作的日日夜夜里，我常有与古人对弈复盘的感慨，有时一起欢愉，有时一起快意，有时一起沮丧，相与辩驳，东西参详，终于体会到钱穆所谓"对古人怀有温情与敬意"的心境。1993 年诺贝尔经济学奖得主道格拉斯·诺斯尝言："关于政治经济、经济发展、经济时代问题，都要理解决策者背后的思想模式和意识形态。所谓的意识形态，就是一群人对环境的解释，以及对该环境如何调理出秩序，所提出对策背后一套共有的思想模式。"在这本书中，我放弃了批判者的姿态，而更希冀以建设性的理性心态，探研本国的历史轨迹及可能的前途。也因此，我在十二讲之后，又增写"回到历史的基本面"一节，就"统一文化"、政治体制改革以及经济发展之间的关系进行了思考，同时，为未来的中国经济变革提供一些基础性的判断。

在这本书中,我将提出两个也许会引起争议的结论:**第一,最近三十多年的经济大崛起与其说是"人类行为的意外后果",倒不如说是两千年经济变革史的一次合理性演进,我们迄今仍有陷入历史的闭环逻辑的危险;第二,中国经济制度上的"结构性缺陷",是一个"建设性结果",它与维持千年统一的中央集权制度有密不可分的重大关系。**

第一讲

管仲变法:两千多年前的"凯恩斯主义"

中国历代的经济变革，应从公元前 8 世纪的春秋说起。

春秋之前，只有"天下"，而没有"国家"。周天子封疆裂土，一千多个诸侯国恪守秩序，相安无事，因此没有任何求变的动机及欲望。公元前 771 年，周幽王"烽火戏诸侯"被犬戎杀死，西周终结。从此，天子权威丧失，各国开始火拼，争强求富就成了新的时代主题，孔子称之为"礼崩乐坏"，我们则视之为变革的发生。所谓国家，从来是血腥竞争的产物，这是举世之公理。

从统治者的策略来说，两千年的经济变革以千年为界，切为两截，从春秋时期到 12 世纪的北宋，变革是基于扩张的需求，而之后到 18 世纪初期的"康乾盛世"则以稳定为主题。及至近当代，从洋务运动到现今，则出现了救亡、扩张、稳定，再扩张、再稳定的多个主题变奏，这期间的反复徘徊，值得我们细细体味。

春秋有"五霸"，首霸者为齐桓公，齐国之盛，正是第一场经济大变革的结果。周朝的政治、经济和文化中心在黄河中游，而齐国地处偏远的胶州半岛，很像改革开放之初的广东、福建，地狭、滨海、远离中央政治中心，齐国的开国者是姜尚公，非姬姓王族，变法之初，属边远小国。所以，自古以来，弱者就是变革的发动机。中国从第一次搞经济变革开始就呈现出一个鲜明的特点：观念的优先往往比资源的优先更重要。

特别有趣的是，齐桓公并不是一个有远大志向的君主，此公自诩有"三好"，好吃、好田、好色，辅佐他的人叫管仲，是一个战场逃兵和很失败的商人，曾经"三辱于市"。就是这样的"三好先生"和失意商人，联起手来，完成了中国历史上第一场，也许是最成功的经济大变革。

被严重误读的"士农工商"

在漫长的前工业时期，经济治理的流派无非两种，一个是重农主义，一个是重商主义。哈耶克认为，东西方的早期文明都是重农轻商，对商业的厌恶是一个共同的早期传统。[①] 古希腊思想家柏拉图在《理想国》中把国民分为三等：第一等是哲学家，第二等是战士，第三等是商人、手工业者和农民。在中国，儒家孟子轻蔑地把商人称为"贱丈夫"。[②] 然而，商人出身的管仲，是极其少数的重商主义者。管仲兴齐，用的正是商人的办法，司马迁评论他的当国之道时曰："其为政也，善因祸而为福，转败而为功，贵轻重，慎权衡。"也就是说，管仲最擅长的是配置资源，提高效率，以妥协和谨慎的方式重建各种秩序，很有"企业家精神"。

管仲变法中有一项颇为后世熟知、引起最大误读的政策："四民分业，士农工商"。

这一政策的要点是，把国民分成军士、农民、工匠、商贾四个阶层，按各自专业聚居在固定的地区。《国语·齐语》记载，管仲规划士乡十五个，工商之乡六

---

① 弗里德里克·A.哈耶克：《致命的自负》，冯克利译，中国社会科学出版社2000年版，第101—102页。书中写道："对商业现象的鄙视——对市场秩序的厌恶，并非全都来自认识论、方法论、理性和科学的问题。还有一种更晦暗不明的反感。……对生意人的仇恨，尤其是史官的仇恨，就像有记录的历史一样古老。"

② 《孟子·公孙丑下》："古之为市也，以其所有易其所无者，有司者治之耳。有贱丈夫焉……征商自此贱丈夫始矣。"

个,每乡有两千户,以此计算,全国有专业军士三万人,职业的工商臣民一万两千人(均以一户一人计算)。此外,在野的农户有四十五万户。

管仲认为,四民分业有四个好处:一是"相语以事,相示以巧",同一行业的人聚居在一起,易于交流经验,提高技艺;二是"相语以利,相示以时"、"相陈以知价",对促进商品生产和流通有很大作用;三是营造专业氛围,使民众安于本业,不至于"见异物而迁焉",从而造成职业的不稳定性;四是无形中营造良好的社会教育环境,使子弟从小就耳濡目染,在父兄的熏陶下自然地掌握专业技能。①

专业分工、子承父业的制度让齐国的制造业技术领先于其他国家,《考工记》对齐国手工业作坊有很多记录,以丝绸为例,我国最早出现的丝织中心就在齐国首都临淄,当时,临淄生产的冰纨、绮绣、纯丽等高档丝织品,不仅齐国国内供给充分,还大量畅销周边各诸侯国,乃至"天下之人冠带衣履皆仰齐地"。

把社会各阶层按职业来划分管理,管仲是历史上的第一人,这种专业化的商品经济模式,自两汉以来被尊奉为基本形态及指导原则。细致的职业化分工及世代相传的制度安排,是中国早期文明领先于世界的重要原因之一。台湾学者赵冈认为:"中国的社会职能分工比欧洲早了至少一千年,主要的传统生产技术(工业革命前的非机器生产技术)在中国出现的时间也比欧洲早八百年至一千年。"他甚至认为:"明清以前的产品商品率未必就比明清时期低。"②自秦以后,严格意义上的"四民分业"就被扬弃了,不过它成了户籍制度的雏形,而匠籍制度一直沿用到清朝。

引起重大误读的是"士农工商"。

后人论及于此,先是用知识分子或有学问的官吏替代了军士,然后,又认为

---

① 《管子·小匡》:"少而习焉,其心安焉,不见异物而迁焉,是故其父兄之教不肃而成,其子弟之学不劳而能。"

② 赵冈、陈钟毅:《中国经济制度史论》,新星出版社 2006 年版,第 368 页。

这是尊卑排序,以士为首,农次之,以工商为末,这就形成了所谓的"末商主义"。而实际上,管仲提出的"士农工商",乃并举之义,并没有先后尊卑之分。

古人对工商的态度有过数度戏剧性的转变。

远古的中国人似乎并不轻商。早在殷商时期,人们非常乐于、善于经商及从事手工制造业。商亡周兴之后,周朝的建国者们在反思商朝灭亡的教训时认为,殷商之亡就是因为民众热衷工商而荒废了农业,造成民心浮躁,国基不稳。因此,转而推行鄙视工商的重农政策。在周制中,工商业者的地位非常低贱,金文中"百工"常与处于奴隶地位的臣、妾并列。《易·遁卦》曰:"君子以远小人,不恶而严。"《逸周书·程典》曰:"士大夫不杂于工商。"《礼记·王制》曰:工商"出乡不与士齿"。也就是说,士大夫必须远离商人,绝对不能与工商业者混居在一起,工商业者离开居住地则不得与士大夫交谈。《周礼·地官·司市》中还规定,贵族们不能进入市场进行交易,否则就会受到惩罚。

管仲的立场则完全不同,他将"工商"与"士农"并列,认为这些人是"国之石民",他说:"齐国百姓,公之本也。"这种把工商业者抬升到与"士农"并列地位的观念,在当时的士大夫阶层并非共识,《战国策》中记载的姚贾与秦王的对话中就有一句:"管仲,其鄙之贾人也。"对管仲的商人经历颇为鄙视。当代史家李剑农依据《史记》、《国语》和《左传》中的记载断定:"中国商业之开化,当以齐为最早。"①

如果当年管仲提出"士农工商",是以"士农"为优,"工商"末之,那就很难理解之后的变法政策了。

---

① 《史记》论述姜尚治齐,"太公至国,修政,因其俗,简其礼,通商工之业,便鱼盐之利,而人民多归齐"。李剑农的观点参见其《先秦两汉经济史稿》,读书·生活·新知三联书店1957年版,第69页。

"放活微观，管制宏观"

管仲将四民并列，不仅仅是他个人的意识与觉悟，更是他的治国理念的体现。这位具有多年从商经验的政治家，早已发现工商业的赢利能力大于农业，而振兴商品经济更是增强国力的最佳途径。他在齐国推行了涉及产业、税收、价格等多个领域的整体配套改革。他搞的那一套，用现在的话说，就是"放活微观，管制宏观"。

所谓"放活微观"，就是对内刺激商品经济的发育，对外降低关税，形成"如水归壑"的市场聚集效应。

齐国地处海滨，渔业和煮盐业一向发达，管仲规定，鱼盐可以自由出口，关隘只登记而不予征税，以便利诸侯各国。其他的出口商品也实行单一税制，在关隘征过了的，在市场上就不再征了，反之亦然。①

对于前来齐国做生意的商人，他更是大开国门，无尽欢迎，提出"空车来的不要去索取税费，徒步背东西来的不要去征税，这样来的人就会越来越多"。②他还建议齐桓公专门设立招待外国商人的客舍，每三十里有一处，来一乘车者供给本人饭食，来三乘车者供给马的饲料，来五乘车者配备可供自由调遣的人员。③ 从此，"天下之商贾归齐若流水"。

为了活跃市井，管仲甚至首开国营色情业。他在都城临淄开了七间官办的妓院（"女市"），每一间有妓女（"女闾"）100人，共700人。管仲以此吸引外来商

---

① 《国语·齐语》："通七国之鱼盐于东莱，使关市几而不征，以为诸侯利，诸侯称广焉。"《管子·霸言篇》："明道以重告之：征于关者，勿征于市；征于市者，勿征于关。"

② 《管子·霸言篇》："虚车勿索，徒负勿入，以来远人。"

③ 《管子·轻重乙》："请以令为诸侯之商贾立客舍，一乘者有食，三乘者有刍菽，五乘者有伍养。"

旅,并大收其税。在后世,管仲因此被拜为娼妓业的"祖师爷",如同鲁班在木匠业的地位。

在这种自由贸易政策的鼓励下,可以想见齐国商业的繁荣以及商人的活跃,《战国策·齐策》如此记载齐国首都临淄盛极一时的繁华景象:"临淄甚富而实,其民无不吹竽鼓瑟,弹琴击筑,斗鸡走狗,六博蹋鞠者。临淄之途,车毂击,人肩摩,连衽成帷,举袂成幕,挥汗成雨,家殷人足,志高气扬。"据计算,临淄的居民人数达30万之多,是当时世界上最大规模、最繁华富足的城市,而与其同时的雅典城人口不到5万。

所谓"管制宏观",就是强调政府对经济的宏观管理,其手段则是从财政、税收和价格三方面综合入手。

在农耕时代,对于国家的内政来说,最重要的商品当然就是粮食——中国自古存在商品粮交易,在相当长的时间里,商品粮占粮食交易总量的百分之八十。管仲对粮食政策十分重视,在重要的农业税上,他并不像一般的治国者那样,要么横征暴敛,要么一味降低,譬如孟子就认定,国君是否实行仁政,"什税一"——只征收百分之十的农业税是一条铁线般的标准。[1] 管仲的政策是两年征税一次,大丰收之年,每年征百分之十五,中等之年,每年征百分之十,下等之年,每年征百分之五,如遇饥荒,则免税。这一机动税率,明显比孟子的"什税一"要灵活和现实得多。此外,管仲还建立了国储粮制度,国家采购囤积了大量粮食,其数量足以控制市场粮价的波动,以达到丰饥平衡的功效。管仲对粮食十分重视,他不容许任何人操纵粮价,严禁在饥荒之年利用粮食买卖欺压农民,粮价波动必须由国家掌控,在农耕年代,这一见解无疑非常重要。

管仲还是一个运用价格杠杆来调节经济和增加国家收入的高手。他曾举例说,如果国家掌握了大量的布,即不必再征布税,而要征于原材料麻,麻价因课税涨十倍,布价就可能因此而上涨至五十倍;同理,如果国家掌握了大量的织

---

[1] 《孟子·滕文公上》:"夫仁政……请野九一而助,国中什一使自赋。"

帛，就可征课原材料丝的税，这样又可使织帛的价格上涨十倍。在对外贸易上，他主张根据不同的情况来控制商品价格，即"因天下以制天下"：如果外国商品的质量高过本国，就提高该商品在本国的销售价格，以控制外国商品的输入，如果要鼓励出口，就要压低出售价格，"天下高而我下"。

"盐铁专营"的始作俑者

在宏观管制的战略思想下，管仲最重要的制度创新是盐铁专营。它的影响绵延两千余年，迄今犹存，几乎成为中国式中央集权制度的经济保障。

齐桓公与管仲多次切磋富国之策，齐桓公建议对人口、房屋楼台、树木、六畜征税，管仲一一否定，在他看来，税收是有形的，直接向人民收取财物，自然会招致人民的不满。最好、最理想的办法是"取之于无形，使人不怒"。① 据此，管仲提出了"寓税于价"的办法——把税收隐藏在商品里，实行间接征收，使纳税者看不见、摸不着，在不知不觉中就纳了税，而且不至于造成心理上的抵抗。

在具体办法上，管仲给出了简单的七个字："唯官山海为可耳。"——只要把山、海的资源垄断起来就可以了，山上出铁矿，海里产海盐，是为盐铁专卖制度。

在农耕时期，盐和铁是最为重要的两大支柱性产业，无一民众可以须臾离开。管仲对盐和铁的专卖收入做过举例说明。他说，万乘之国的人口约为千万，如按成人征人头税，应缴纳者约为一百万人，每人每月征三十钱，为三千万钱。如果进行盐的专卖，每升盐酌量提价出售，每月可能得到六千万钱，就可望得到一倍于征人头税的收入。而在表面上，政府确乎不曾征税，不致引起人民的"嚣号"反对。不仅在国内如此，还可运盐出口而获取重利，这等于煮沸取之

---

① 《管子·国蓄》："民予则喜，夺则怒，民情皆然。先王知其然，故见予之形，不见夺之理。"

不尽的海水就可以迫使天下人向齐国纳税，即"煮沸水以籍天下"。①

铁的专卖也是一样。管仲说，大凡一个农户，无论是从事耕作还是做女工，都需要针、刀、耒、耜、铫、锯、锥、凿等铁制工具，只要在一根针上加价一钱，三十根针就可收三十钱，即等于一人应缴的人头税了，由此类推，则全国收入总数亦不下于人头税的征收总额。表面上，国家并没征税，实际是"无不服籍者"。②

管仲提倡盐铁专营，但不是主张政府亲自下场，创办国营盐场或国营铁厂——后世之人学管仲，认为专营就是国营，多入歧途。

比如盐业，管仲实行的是专卖政策，开放盐池让民间自由生产，然后由国家统一收购。由于控制了盐业的销售和产量，进而控制了价格，齐国的盐销售到别国去，售价可以抬高到成本价的四十倍，国家和商贾都得利颇丰。

在冶铁业上，管仲实行的是国有民营。他首先严厉地强调了国家对所有矿山资源的垄断，所谓"泽立三虞，山立三衡"，他出台法令宣布，只要一发现矿苗，就马上要由国家保护和封存起来，有敢于擅自开采者，左脚伸进去的，砍左脚，右脚伸进去的，砍右脚。③ 之后，政府又控制了铁器的定价权，并对所生产出来的铁器进行统购统销。在这些前提之下，管仲开放冶铁作坊业，允许由民间商人自主经营，其增值部分，民商得七成，政府得三成，相当于征收 30% 的所得税。④

由政府控制资源所有权，然后把经营权下放给民间商人，以一定比例分配利润，这就是后世非常流行的"资产国有、承包经营"的雏形。

盐铁专营的政策，对后世政权产生了重大且根本性的影响，在某种意义上，

---

① 《管子·海王》："令盐之重升加分强……千钟二百万……禹策之……万乘之国，正九百万也。月人三十钱之籍，为钱三千万。今吾非籍之诸君吾子，而有二国之籍者六千万。"

② 《管子·海王》："令针之重加一也，三十针一人之籍；刀之重加六，五六三十，五刀一人之籍也；耒铁之重加七，三耒铁一人之籍也。"

③ 《管子·地数》："苟山之见荣者，谨封而为禁。有动封山者，罪死而不赦。有犯令者，左足入，左足断；右足入，右足断。"

④ 《管子·轻重乙》："与民量其重，计其赢，民得其七，君得其三。"

它让中国从此成为一个"独特的国家"。我们说"中国特色"，无此为过。

在西方的经济理论中，国家财政收入的主要来源，甚至唯一的来源是税赋，在这一点上，无论是社会主义经济学家或资本主义的自由经济学派都无分歧。卡尔·马克思就曾言，"赋税是政府机器的经济基础，而不是其他任何东西"，"国家存在的经济体现就是捐税"。即便在当代的制度经济学理论中，这一认识也未有改变，道格拉斯·诺斯认为，政府是"一种提供保护和公正而收取税金作为回报的组织，即我们雇政府建立和实施所有权"。①

在西方的法治意识中，从来强调公民的纳税人角色，从 14 世纪开始，"无纳税人同意不得征税"这个理念在法国和英国似乎都牢固地确定了下来。人们经常提起这句话，违反它相当于实行暴政，恪守它相当于服从法律。特别是在美国，商店直接把商品价格与消费税分列出来，让你买一杯咖啡都意识到自己在纳税。可是在中国，统治者更愿意"寓税于价"。陈寅恪曾说中国的统治术中有"诈术"的成分在里面，管仲那句"取之于无形，使人不怒"便是最好的印证。

"管仲变法"之后，中国的政府收入由税赋收入和专营收入两项构成，后者的实现，正是通过控制战略性的、民生必需之物资，以垄断专卖的方式来达成的。在这种体制内，政府其实变成了一个有赢利任务的"经济组织"，从而也衍生出一种根深蒂固的治理思想，即国家必须控制"关系到国计民生的支柱性产业"，国有企业应当在这些产业中"处于主导地位"。

在这种经济环境中，国有企业是那种"看上去像企业的政府"，而政府则是"看上去像政府的企业"，它们从各自的利益诉求出发，成为微观经济领域中的逐利集团。这种制度一旦形成，民营企业集群就被间夹其中，进退失措，成为被博弈的对象。这一中国式经济体制延续千年，迄今未变，而管仲，正是"始作俑者"。

---

① 道格拉斯·诺斯、罗伯斯·托马斯：《西方世界的兴起》，厉以平、蔡磊译，华夏出版社 2009 年版，第 11 页。

鼓励消费的异端思想

管仲的经济思想中,最为奇特的一项是鼓励消费,他甚至倡导奢侈,这在古往今来的治国者中可谓仅见,在《管子》一书中就有一篇奇文《侈靡篇》。

中国历代的治国思想向来以倡导节俭为正途,这显然是长期短缺经济的必然产物。然而管仲却提出"俭则伤事"的观点,在他看来,大家都不消费,就会造成商品流通的减少,从而妨碍生产营利的活动,故曰"伤事"。① 要如何才能推动消费?他的答案是,多多消费,甚至无比奢侈地去消费。②

管仲的这一论述曾经迷惑了此后数千年的中国学者,很多他的信奉者言及于此,要么视而不见,要么顾左右而言他,要么百般替管仲声辩。直到近世,历史学家郭沫若才给予了合理的解释。郭氏认为:"他是肯定享乐而反对节约的,他是重视流通而反对轻视商业的,他是主张全面就业而反对消极赈济的,为了能够全面就业,他主张大量消费,甚至主张厚葬。他的重点是放在大量消费可以促进大量生产这一面。因而在生产方面该如何进行,如何改进技术之类的话,他就说得很少,几乎可以说没有。"③

管仲倡导奢侈的理由是,"丹砂之穴不塞,则商贾不处。富者靡之,贫者为之"。就是说,只要不人为地堵塞利源,商贾就会日夜不息地从事营运而不知休息,而富裕的人只有不断地消费,贫穷的人才有工作可做。为了强化自己的观点,管仲甚至做过极端的比喻,他建议在煮蛋之前应先加雕绘,在烧柴之前要先加雕刻——"雕卵然后瀹之,雕橑然后爨之。"

---

① 《管子·乘马》:"俭则金贱,金贱则事不成,故伤事。"
② 《管子·侈靡》:"问曰:兴时化若何? 莫善于侈靡。"
③ 郭沫若:《侈靡篇的研究》,《历史研究》1954 年第 3 期。

管仲本人就是一个富足的享乐主义者。孔子说他的奢侈堪比国君——"其侈逼上"，《史记》说他"富拟于公室"。据《韩非子》和《论语》等书记载，齐桓公把齐国市租的十分之三赐归于管仲。

当然，作为一个成熟的政治家，管仲对侈靡的推崇，并不仅仅为了自己的享乐。在《管子·乘马数》中，他谈及了一个非常先进的观点。他说，每当年岁凶歉的时候，人民没有本业可作，国家就应该进行宫室台榭的修建，以促进人民就业，尤其要雇用那些丧失了家产的赤贫者。这时候修筑宫室，不是为了享乐，而是为了促进就业，平衡经济。

这种通过政府的固定资产投资来刺激经济复苏、促进就业的做法，西方人在两千多年后才学习到手，以1929年的世界经济大萧条为例，当时的美国、德国等无一不是采用了这样的政策，才走出低谷。可是在两千多年前，管仲就有这样的智慧，确实是让人惊叹的。据美籍华人经济学家杨联陞的考据，在漫长的中国经济史上，除了管仲，只有宋代的范仲淹等极少数人曾经有过类似的思想。[①]

"以商止战"与和平称霸

管仲最核心的，也是最被后人所漠视的治国思想是"以商止战"。

"止战"——防止战争（无论是内战还是外战）是治国的第一要义。后世思想家提出过很多"止战"的主张，如墨家、道家提倡"以农止战"，法家是"以战止

---

① 杨联陞：《国史探微》，新星出版社2005年版，第128页。据杨联陞的学生余英时考据，到了16世纪的明朝，出身商贾世家的陆楫又重拾管仲之论，提出"吾未见奢侈之足以贫天下也"（陆楫《蒹葭堂杂著摘抄》），而那时正是"士儒合流"的年代。欧洲思想界在17、18世纪才有类似的思想，较著名的有曼德维的《蜜蜂宣言》（1727年）。参见余英时的论文《士商互动与儒学转向》。

战"，儒家是"以仁义止战"，明清两朝是"以闭关锁国止战"，及至晚清时，魏源、郑观应提出"兵战商战"之论，凡此种种都不同于管仲的"以商止战"。

就国家内政而言，"以商止战"就是发展商品经济，让国民富裕而不至于造反。

管仲有很强烈的民本思想。他说："政之所兴，在顺民心。"他不主张用严酷的刑罚来威慑百姓，因为"刑罚不足以畏其意，杀戮不足以服其心"。

那么如何才能做到"顺民心"？管仲的答案是要"从其四欲"，即"百姓厌恶劳苦忧患，我就要使他们安逸快乐；百姓厌恶贫困低贱，我就要使他们富足显贵；百姓厌恶危险灾祸，我就要使他们生存安定；百姓厌恶灭种绝后，我就要使他们生养繁衍"。他认为，为政者只要懂得这些道理，把给予看成是取得，就是从政的法宝了。[①] 基于此，管仲提出了那句非常出名的格言："仓廪实则知礼节，衣食足则知荣辱。"

在诸国中，齐国是食盐、冶铁以及丝绸的输出国，是税率最低的自由贸易区，是粮食产销最稳定的国家。管仲的经济改革，在一定程度上也是中产阶级的胜利。

就与各诸侯国的关系而言，"以商止战"就是扩大对外贸易，并以军事的威慑力维持均衡。

齐国因经济改革成功而坐拥最强之国力，它有三万装备精良的军士，当时无人敢于争锋，管仲却鲜用兵征伐四野。终齐桓公一代，只灭过谭、遂两个小国，甚至当宋、郑等邻国发生了内乱之后，管仲还设法帮助其君主复国。

齐桓公曾多次召集诸侯会盟，俨然成为诸国的盟主，《史记》说他"九合诸侯，一匡天下"，也就是九次召集各国诸侯到齐国开会，每次会盟，除了炫耀国力之外，重要的内容就是以霸主身份统一各国的关贸税赋。公元前 679 年（齐桓

---

① 《管子·牧民》："民恶忧劳，我佚乐之；民恶贫贱，我富贵之；民恶危坠，我存安之；民恶灭绝，我生育之……故知予之为取者，政之宝也。"

公七年),齐国会盟诸侯,达成关税协定,市场交易的税赋为百分之二,进出口关税为百分之一。第二年,齐国再度会盟诸侯,规定与会各国要修建道路,划一度量标准,统一斤两称数。① 管仲的这些做法,好比是在创建一个区域经济的关税同盟体,这在两千多年后的今天,仍然是国际贸易的游戏惯例。

当齐国与周边国家关系不协时,管仲似乎更乐于用商战的办法来削弱其他国家的势力。在《管子·轻重成》中便记载了一则十分精彩的案例——

鲁国和梁国都是东方的大国,特别是鲁国,向来与齐国并称"齐鲁"。鲁、梁两国的民众擅长织绨,这是一种厚实而光滑的丝织品,用它裁剪而成的衣服是当时最高档的服装。管仲就恳请齐桓公带头穿绨衣,还让他的左右侍从也跟着穿。很快,穿绨织的衣服成了齐国上下的时尚。虽然绨的需求量猛增,供不应求,管仲却不允许本国人生产绨织品,而是一律从鲁、梁两国进口。管仲召集这两国的商人,对他们说:"你们为我织绨十匹,我给你们三百斤铜,如果织了百匹,我就给三千斤铜。这样一来,你们两国即使不向人民征收赋税,财用也足够了。"鲁、梁两国果然中计,在政府的鼓动下,民众纷纷从事绨的纺织,农事因此荒废。一年多下来,粮价暴涨。到了这时,管仲下令关闭与鲁、梁的通商关口,不再进口一匹绨布。两国经济顿时崩溃,难民纷纷涌入齐国,管仲顺势让他们去开拓齐国的很多荒地,反而促进了农业生产。鲁、梁从此一蹶不振,鲁国的国君不得不亲自到齐国去纳币修好。

管仲还曾用同样的手段制服过莒国和莱国。这是中国古代史上罕见的商战案例,管仲无疑是利用了国际贸易中的供求关系,其手段之高妙和狠辣,迄今仍让人叹服。

---

① 《管子·幼官》:"市赋百取二,关赋百取一。……修道路,偕度量,一称数。"

中国古代版的"凯恩斯"

　　中国历代首相级官僚，商人出身者非常罕见，仅先秦管仲、元朝阿合马、镇海和桑哥、民国宋子文和孔祥熙诸位。

　　管仲很长寿，活到 80 多岁，他早时潦倒，盛年治齐，四十载而成霸业。在公元前 7 世纪，地球上绝大多数的地区仍处于荒蛮时代，中国却能诞生这样的经济大师，实在算是一个奇迹。他重视制度建设，思想务实，以发展经济为治理主轴，所涉及的许多经济命题，如产业政策、财政、税收、价格、消费、国际贸易等，几乎涵盖了所有的治国范畴，这位没有上过一堂经济学课程、屡次创业失败的商人无疑是一位无师自通的经济天才。细数其经济政策便可以发现，他其实是一位尊重市场规律的国家干预主义者，在这一点上，我们不妨视其为中国古代版的"凯恩斯"。

　　管仲治齐有三条重要的历史经验：其一，通过价格、财政、税收整体配套改革，第一次形成了系统性的国民经济治理体系；其二，他所提出的盐铁专营政策，作为国家干预经济的经典模式，影响力持续至今；其三，管仲治理下所形成的齐国经济制度，是中国古典市场经济体制的雏形。

　　而管仲的思想在后世被刻意淹没，则是由于两大原因。

　　第一，齐国一世而衰，以商治国的思想彻底破产。

　　齐国坐拥最强国力，却采取了不扩军和不兼并的"和平称霸"战略，管仲那些维持国际秩序的行动，并没有起到太大的作用。就在齐桓公晚期，中原的晋国和南面的楚国纷纷并吞小国，疆域不断扩大，它们的军事冒险无疑得到了更大的好处。公元前 645 年，管仲去世，两年后，齐桓公死于宫廷政变，齐国迅速让出了霸主权柄。自此以降，相继称霸的诸侯均以开疆拓土而威慑天下，"尊王攘夷"异化成了"挟天子以令诸侯"，管仲之道被暴力取代。

第二，管仲思想与儒家格格不入。

儒家以"贱商"著称，在他们看来，管仲从出身背景到行事作风、施政纲要，都是毛病多多。在《论语·宪问》中，子贡就认定"管仲算不上是一个仁者"。①他的诸多经济政策，无论是刺激商贸、鼓励消费还是"以商止战"，在儒家看来，统统都是异端邪说，盐铁专营政策也遭到儒家的抵制。在后面的章节中我们将看到，西汉的武帝改革及宋代的王安石变法中，大儒董仲舒、司马光都是专营政策的最大反对者。儒家在经济治理上只有"三斧头"：一是"以农为本"，二是"轻徭薄赋"，三是"克己仁义"。遗憾的是，这三条在管仲那里都找不到。

在这个意义上，管仲是一个被意识形态"谋杀"的改革家。

---

① 《论语·宪问》："子贡曰：'管仲非仁者与？桓公杀公子纠，不能死，又相之。'子曰：'管仲相桓公，霸诸侯，一匡天下，民到于今受其赐。微管仲，吾其被发左衽矣！'"

第二讲

商鞅变法：命令型计划经济的鼻祖

春秋到孔子之后,重建统一的呼声便越来越强,孟子渴望天下"定于一",荀子期盼"法后王而一制度",连最消极的庄子也抱怨"天下大乱,贤圣不明,道德不一"。在此共识之下,各国变法均以强国兼并为目标,其中最成功者,便是秦国的商鞅变法。

如果说,管仲变法是重商主义的试验,那么,三百年后的商鞅变法,则是重农主义的典范。经历这两场变法之后,影响中国千年历史的治国模式便基本定型。与自信、圆滑的管仲相比,冷酷而坚定的商鞅是另一种类型的天才,他们如同左右两极,处于历代经济变革的两端,后世变革,无非如钟摆一般在两者之间摇荡,竟从来没有逃出他们设定的逻辑。在两千多年的国史上,商鞅是命令型计划经济的鼻祖,其后,王安石和陈云则分别是农耕时代和工业化时代的典范型执行者。

与变革之初的齐国一样,秦国也是个偏远的小国,它立国比齐国还晚,秦人始祖是一个游牧及狩猎的民族,被中原诸国蔑称为"秦夷"。所不同的是,齐国在东面滨海的黄河下游,秦国在西北高地的黄河中上游,前者盐铁资源丰富,工商传统悠久,后者地贫民淳,几乎没有任何经济优势可言。所以,它们的改革,一个是"蓝色"的、开放的,一个是"黑色"的、封闭的。

秦国开始变法时,主政的秦孝公年方二十二岁,操盘的商鞅刚刚三十岁,正是百无禁忌的年龄,所以,他们的强国之术非常强悍和血腥,第一要义是打仗,这是检验变法成功与否的唯一标准。

战争是让国家强大和稳定的最好办法,它既是起点,也是终点,并且循环往复、不应该停止。商鞅说:"国家贫穷就要去打仗,可以把不好的东西输送到敌人那里,没有像文士、商人那样的国害,国家一定会强大。国家富足而不发动战争,就会懒惰懈怠,出现儒生、商人那样的国害,一定会赢弱下去。"①总之,穷了要打,富了更要打,是为"霸道"。

这场变法历时二十三年,分三个阶段,分别是"农耕"、"军战"和"中央集权",层层递进,体系严密,其最终的结果是把秦国变成了一个纪律严明、高效好斗的战争机器。

以农立国:第一个在土地改革中尝到甜头

商鞅变法的第一阶段花了三年时间,把秦国改造成了一个百分百的农业国。

商鞅颁布的第一条变革法令叫《垦令》,其主题只有一个:把全国人民都变成农民。商鞅认为,治国之要就是让民众"归心于农",大家都去耕地了,民风就朴实而纯正,国力就可强大,他把所有不愿意从事农业的人统统归类为"恶农、慢惰、倍欲之民"。在《垦令》中,有二十种具体的办法鼓励及资助农耕。

在农业政策上,对后世影响最大的是以"废井田,开阡陌"为主题的土地改革。

井田制是一种土地国有制度,自商时就有文字记载,西周盛行。后世史家

---

① 《商君书·靳令》:"国贫而务战,毒生于敌,无六虱,必强。国富而不战,偷生于内,有六虱,必弱。"

对之解释不一，按《孟子·滕文公上》中的记载，国家以九百亩为一个计算单位，把土地分隔成方块，形状像"井"字，周边为私田，中间为公田，各家分得百亩私田，同养公田。耕作之时，先要把公田的农活干完，才能各治私事。由此，春播秋割，守望相助。这一制度颇类似原始人民公社制。

到战国中期，随着人口的增加，井田制度已经败坏，公地私有化成普遍事实。当时的知识界对此分歧很大，道家、儒家都视之为"礼崩乐坏"的根源，强调要恢复井田制。商鞅则反其道而行之，宣布废除井田制，允许民众开荒耕作、买卖土地，这自然大大激发了民众的生产积极性，使变法的"农本思想"更加得以光大。显然，在先秦时期，粮食是最为重要的战略物资，商鞅的一切变法都以此为根本，这可以说是典型的"唯生产力论"。[①]

"废井田，开阡陌"是中国土地史上的重大变革。从此以后，土地私有化成为中国历史上最主要的土地所有制度。各朝代也有各种形式的公有土地，但数量上都远不及私有土地。

在古今中外的所有变法或革命中，土地从来都是政治力量与人民进行交换的最重要的筹码。就近世而言，列宁发动苏维埃革命的承诺是"和平、面包、土地"，孙中山推翻帝制的经济承诺是"平均地权"，毛泽东上井冈山宣传"打土豪，分田地"，即便是最近的改革开放，也是以"包产到户"政策率先稳定了农民。商鞅是第一个在土地改革上尝到了甜头的政治家。

要让国民都去种地，就必须堵住其他的出路。商鞅说："无裕利则商怯，商怯则欲农。"如果工商业没有过高的利润，那么从商的人就没有什么兴趣了，而如果不去经商，那就只有去务农了。在历代治国者中，商鞅也许是最仇视商人及商业流通的一位，他视之为"国害"，并出台了众多限制商业的法令，其中不乏极端之举。下面试列举四条。

其一，控制粮食买卖和矿山国有化。在商鞅看来，只要不允许粮食交易，商

---

① 《汉书·食货志》："秦用商鞅之法，改帝王之制，除井田，民得买卖。"

人就无从得利，家家必须去种地，由此，粮食产量必然提高，而国家则控制了最大宗商品的定价权和交易权。他把"山泽之利"全部收归国家，这既可以增加国库收入，又阻挡了一条非农的发财之道。按他的说法，把矿山收归国有了，那些不愿耕作、懒惰刁钻、追求暴利的民众就丢掉了饭碗，不得不重新回到田里去种地。①

其二，对工商业坚持重税政策。中国历代思想家，无论哪一学派，一般都主张轻税，唯有商鞅独树一帜。他认为，只有"重关市之赋"——加重商品的流通税，才能让商人产生"疑惰之心"。秦国的租税有多重，迄今已无完整记载，不过商鞅曾提出，大幅提高酒肉的价格，按原价征课十倍的捐税，②由此类推，工商税率之高可以想见。

其三，推行户籍登记，限制人口流动。商业之繁荣，关键在于流通，商鞅深谙其中奥秘，所以，他针对性地出台了几条极其严苛的法令。他下令在全国进行户籍登记，命令百姓不得擅自迁居，这是中国户口登记制度的开端；此外，他还出台法令禁止私人经营旅馆，其目的是严格限制人口的流动。现代社会讲人有"四大自由"，其中之一便是迁徙的自由，然而，中国人的这个权利从商鞅变法开始就受到了限制。

其四，取缔货币，实行以物易物。商鞅对货币抱持敌视的态度——这是古今中外所有计划经济主张者的"传统"。他对货币和粮食有一种很奇特的看法，在他看来，这两者是互相排斥的，"货币活跃了，粮食就萎缩了；粮食丰裕了，货币就没有用了"——"金生而粟死，粟生而金死"。在他变法的二十余年中，秦国一直是以物易物，直到他死后三年，秦国才开始铸币，由此可见，秦国的商业流通在各国之中是非常落后的。

---

① 《商君书·垦令》："使商无得籴，农无得粜。……壹山泽，则恶农、慢惰、倍欲之民无所于食。无所于食则必农。"
② 《商君书·垦令》："贵酒肉之价，重其租，令十倍其朴。"

　　从商品经济的角度来讲，商鞅所推行的这一整套经济变革，与三百多年前的管仲相比，无疑是大大的倒退。但是，这些政策却能在很短的时间里聚集国力，让国民经济充满纪律性，并因专制而产生高效率。《史记》记载："卒用鞅法，百姓苦之，居三年，百姓便之。"也就是，变法实施之后，民怨沸腾，三年之后，居然大见成效。说到底，这就是专制的力量。

军爵制度：打造出世界上第一个平民社会

　　许多伟大的独裁者都是理想主义者和爱国主义者，他们有坚定的治国理念，并深信可以造福于他的人民，为了达到目的，他们不惜牺牲或伤害亲人，甚至他们自己。在技术上，他们往往以人民的名义行事，通过裹挟基层民众的方式，对地方政府和既有财富集团进行攻击，以达到利益重构和集权的终极目的。商鞅变法清晰地呈现出了这样的特征。

　　在花了三年时间把秦国变成一个大农场之后，商鞅推行了著名的军爵制度。

　　自夏商周以降，中国进入封建制时期，各诸侯分封天下，爵位世袭，形成了一个贵族世代统治的体制。进入春秋末期，平民阶层已隐然崛起，几乎成为一个开放、自由的社会。史载的诸多名将、儒士均为贫寒之士。当代史学家许倬云曾对春秋时期的名士进行过统计，在初期，非贵族出身的寒微之士占总人数的百分之二十，而到末期已占到百分之四十四，如苏秦、张仪等人都是"穷巷掘门、桑户卷枢之士"。到了战国，这一趋势更加明显。比商鞅早二十年左右，吴起在楚国进行改革，就提出"使封君之子孙三世而收爵禄"，王室子孙的爵禄继承只能延续三代，然后就要把封地收归国有，重新分配。吴起因此遭到贵族的嫉恨，终被射杀。二十年后，商鞅再提此议，并且做得更为彻底。

　　军爵制度的具体政策有两条：第一，"宗室非有军功论，不得为属籍"，收回贵族所有的爵秩,取消特权,重新分配,只有在战场上立下功劳,才能够重配爵秩,列籍贵族;第二,"有军功者,各以率受上爵",只要有军功,无论贫贱都可以获得贵族的爵秩。商鞅设计了二十个等级的爵位,都以杀敌多少来封赐。

这一军爵制度可谓开天辟地,它彻底抹杀了贵族与贱民的界限,人人可以通过战争获取功名富贵。在秦国,国民只应从事两种职业,一是农民,一是军人,前者"富国",后者"强兵",而国家的奖惩便紧紧围绕着种粮之多少和杀敌之多少。这是一种极端务实的、反智的、唯"生产力至上"的功利主义。在商鞅看来,人人种地,则粮多,粮多则生育多,生育多则兵多,兵多则可打仗而得到更多的土地和人口,这些人口去种更多的粮食、生育更多的人口,继续去打更多的仗,如此循环往复,就可实现统一天下的"国家目标"。凡是与这一国策冲突的、相违背的,都是必须禁止的,甚至不能"以功抵过"。[①]

在世界各文明古国中,中国是最早打破贵族制度的国家,这其中,商鞅的作用可谓最大。以国史论之,军爵制度打开让孔武之人进入统治阶层的通道,到了隋唐时期,政府又发明出科举制度,为底层的知识分子打通了另外一个通道。由此,"王侯将相宁有种乎",军爵制(武士)与科举制(文士)相互勾连,构成了延续千年的平民社会的稳定性。这两个制度的形成,再加上政权对商业的道德蔑视及制度打压,最终构筑了中华文明的重要特质。

郡县制度:地方行政制度的政治雏形

恐怖专制的力量是强大的。变法启动到第十个年头,秦国出现了"道不拾遗,山无盗贼"、民众"勇于公战,怯于私斗"的局面,举国上下蔓延着极端功利主

---

① 《商君书·赏刑》:"有功于前,有败于后,不为损刑。有善于前,有过于后,不为亏法。"

义的进取氛围，每个人其实都成了国家的工具。全国民众个个都是农民，人人皆为战士，上阵奋勇杀敌，得胜封爵赏田。国家通过战争获得土地和人口，将那里的人民也都改造成秦民，继续种地、杀敌，以获得更多的土地和人口。这是效率极高、效益惊人的正循环。夏商周以来，从来没有出现过这样的国家模式，秦因此被列国惊呼为"虎狼之国"。

在将全国的战争机制都发动起来之后，商鞅开始实施第三轮变法，目的是要全面加强中央集权，其重要政策，就是统一度量衡和实行郡县制度。

当时各国割据，从衡器到货币都极其混乱，即便在一国之内，也是标准不一。齐国称霸时，管仲就多次会盟诸侯，统一各国税率和称重尺度。商鞅当然不与诸国商量，他直接规定之。他提出"平斗桶、权衡、丈尺"。斗桶指计算容积的衡器，权衡指计算重量的衡器，丈尺指计算长度的衡器。也就是说，他统一了全国的容积、重量、长度的度量标准。

而确立并推广郡县制度的影响尤为深远。

西周建立之时，分封诸侯，一共有上千个国家，几乎一个城池为一国。春秋初期，诸侯兼并剧烈，剩下160多国，到了战国年代，天下滔滔，只余十多个国家。国君出于统治及征战的需要，纷纷加强中央集权，兼并进来的土地不再分封出去，而是建立新的地方治理制度。春秋后期，县制开始推行，县令为一县之长，由国君直接任免，他们不再是世袭贵族，而是一批没有血缘关系的职业官僚。

商鞅完善并推广了郡县制的地方管理体系。他把小乡、邑合聚为县，设立县令、县丞、县尉等职务，组成县署，后来每征伐下一块土地，就增设一县。与分封制最大的不同是，郡守和县令都由君王直接任免，不得世袭，各地方长官于每年秋冬向朝廷申报一年的治状，朝廷据此对其进行考核，奖功罚过。

郡县制成为秦国的治国基础。这一制度完全有别于之前的封建制，有效地加强了中央集权，是中国官僚制度的根本。明末清初的思想家王夫之在《读通鉴论》中就说："郡县之制，垂二千年而弗能改矣。合古今上下皆安之，势之所趋,岂非理而能然哉?"当代史学家唐德刚从国家管理模式角度分析认为,中国三千年可分为部落制、封建制和郡县制三个阶段,商鞅之后,几无大变。甚至,一直到今天,中国的省市县治理模式仍然没有跳出其藩篱。[①]

在推行变法 22 年后,公元前 338 年,秦孝公驾崩,商鞅随后被秦惠公处以车裂的极刑,并诛灭全家。司马迁说"惠王车裂之,而秦人不怜",可是又承认"后世遵其法"。秦惠公车裂了商鞅并灭其全家,但并没有株连到其他大臣,商鞅制定的主要法规被全数继承下来。有人算了一下,从商鞅变法开始到秦始皇完成统一大业,前后凡 141 年,秦人共发动战争 108 次,天下果然是打出来的。

强国逻辑:中央集权制度的奠基之人

商鞅的强国之术堪称中国历史,乃至世界史上最残酷、最严厉的一种,是一次激进的国家主义试验。如果我们将商鞅变法的种种政策放到中央集权四大基本制度的建设框架中进行一番审视,便可以更清楚地看到它的历史性意义。

郡县制度日后成为中央与地方进行权力分配的基本制度,这是中央集权制国家得以运行的基础性政治制度。

军爵制度让有野心的孔武之人有机会进入到统治阶层内部,部分地完成了精英控制模式。

在全民思想的控制模式上,商鞅采用的是"不许思想"的愚民政策,他将文人、商人、有技艺的人统统视为"国害"。有一次,他在渭河边论法,一口气就杀了七百余人,导致"渭水尽赤,号哭之声动于天地"。他不喜欢反对他的人,甚至也讨厌赞美他的人,在当初的朝堂大辩论中,他就说,"拘礼之人,不足与言事,

---

① 唐德刚:《中国郡县起源考——兼论封建社会之蜕变》,《晚清七十年》,远流出版社1998 年版,第 113—133 页。

制法之人，不足与论变"，也就是不允许争论，不允许辩驳。司马迁还记载了这样一件事情：变法过半，一些先前反对的人跑到商鞅跟前赞美变法，商鞅说，这些都是"乱化之民"，于是把他们全部流放到偏僻的边城，从此，再也没有人敢于议论国事了。一百多年后，秦始皇"焚书坑儒"其实正是这一治理模式的合理体现。

在经济模式上，商鞅试验的是"命令型的计划经济"，即国家控制几乎所有的重要生产资料，排斥或部分地禁止商品贸易，压制或消灭自由的商人阶层，从而使国民经济完全地服务于国家的目标。

商鞅变法中所推行的众多制度，如郡县制、军爵制、"农战立国"战略，乃至土地改革、统一度量衡和户籍制等，都不是由商鞅发明的，不过却光大于他，并进行了系统性的、长期而有效的试验，在这个意义上，商鞅算得上是中国式中央集权制度的奠基之人。汉娜·阿伦特在《极权主义的起源》中总结了极权主义的三个特征，即"组织上国际化、意识形态全面化、政治抱负全球化"[①]，商鞅治理秦国正是一次古典的极权主义运动。

在商鞅的经济思想中，"强国"与"富民"似乎是对立的。他极端地认为，人民不但不应该有思考的能力，而且绝对不能够富足。

自古以来，如何解决分配问题，缓和贫富对立，是历代思想家和经济学家所共同关注的"第一命题"，早在《晏子春秋·内篇》中就出现了"权有无，均贫富"的观点。诸子百家对此各有分析。

儒家的孔子提出"不患寡而患不均，不患贫而患不安"，他认为最好的状态是"均无贫"，类似于福利社会。他还主张"藏富于民"，认为"百姓足，君孰与不足；百姓不足，君孰与足"[②]。但对于如何实现这些理想，他没有具体的办法。道

---

① 汉娜·阿伦特：《极权主义的起源》，林骧华译，生活·读书·新知三联书店 2008 年版，第 389 页。

② 语出《论语·颜渊》。

家的老子也主张均贫富,其实现方式是"损有余而补不足"。

与儒家、道家不同,墨子则承认富贵贫贱的适当差别的存在,唯要求可以相互转化,其转化方式取决于一个人贤德与否,他不同意儒家"藏富于民"的观点,主张应该先让国家富起来,所谓"官府实而财不散"①。

上述几位思想家对贫富问题的分析比较抽象,那些真正掌握国纲的人则提出了具体的办法,比如,管仲主张以价格政策为工具来缩小贫富差距,而商鞅则走到了"强国贫民"的极端。

商鞅也反对贫富悬殊,认为"治国之举,贵令贫者富,富者贫",不过在他看来,理想的状态是让人民始终处在同样的贫穷线上,最好是家里没有一点多余的粮食——"家不积粟",以保持饥饿进取的精神面貌。强兵就必须使民弱、民怯和民愚,这样的人民通过重刑或重赏即可变成为勇敢而凶猛的战士。而一旦社会出现贫富差距变大的情况,就应该动用国家机器,用行政剥夺的方式来实现均衡,这就是所谓的"贫者益之以刑,则富;富者损之以赏,则贫"。很显然,商鞅把人民的贫困与无知看成是国家兵源充足和社会稳定的必要条件,这当然就是"反智"和"愚民"了。

商鞅的这种极端主义思想,在后世已成绝响,然而却并非没有效尤者——他们尽管再不敢像商鞅这样说得直白、干得决绝,但有两个理念从来不曾放弃:第一,不能让民众太富足、太有思想的潜意识却一直留存在了下来,最终变成了一种系统化的愚民政策;第二,绝大多数的治国者把国家强大远远放在民众富足之前,强调"国强民安",而不是"国强民富",所谓"安"者,年份好的时候,有口饭吃,饥荒到来的时候,不饿死,这已是最大的善政。

---

① 语出《墨子·尚贤中》。

毛泽东："百代都行秦政法"

战国时期"百家争鸣"，对后世影响最大的两个学术流派，一是儒家，一是法家。

被儒家尊为"亚圣"的孟子，与商鞅是同时代人。当商鞅在秦国大行变法之时，孟子正在东方各国游说，而商鞅被处死后，孟子还在齐国和梁国之间奔波，他很可能耳闻了商鞅的整个变法过程。比较两人的治国及经济思想，可以看到截然的差异。

在《孟子·梁惠王》中，齐宣王向孟子求教"王政之道"，孟子给出的答案是"耕者九一，仕者世禄"，也就是说，他坚持恢复井田制，并拥护贵族世袭体制。孟子特别向往那种各守其职、疾病相扶的公社生活。在另外一次与滕文公的交谈中，他还特别设计了一套混合的土地制度：给每农户五亩宅、百亩田，使民"仰足以事父母，俯足以畜妻子，乐岁终身饱"。税赋政策上，孟子提倡实施富民政策和减轻赋税，"易其田畴，薄其税敛，民可使富也"。他的"薄税敛"包括：商舍不征税，也不征货物税、房地税和无职业者的人头税，只征单一的、九分抽一的农业税。很显然，商鞅的"废井田，开阡陌"以及废除世袭、实施军爵的政策与孟子的主张背道而驰。

孟子常年在东方各国游走，那里的政治文明呈现百花齐放的自由化状态，与西北的铁血秦国形成鲜明的对比。相对于商鞅的严苛管制和强调中央集权，孟子则强调仁义治国，"国君好仁，天下无敌焉"。他更提出民众比国君更为重要的民本思想，"民为贵，社稷次之，君为轻"。这些在商鞅听来，肯定是可笑的无稽之谈、祸国妖言。

商鞅与孟子的思想迥异，是思想史上一个特别值得研究的景象，这两人对历史的实际影响也耐人寻味。

孟子终其一生，郁郁不得志，对时局衍变几无作用，但是他所主张的儒家道统在西汉之后被尊为国家学说。

相对比，商鞅在后世的名声却非常之差，可以用"狼藉"来形容。在很长的时期里，知识阶层以谈论商鞅为耻，连说到他的名字都会"口臭三日"。秦朝灭亡后，世人对之多有反思，其中最出名的是贾谊的《过秦论》，他将秦亡的原因归结于"仁义不施而攻守之势异也"。宋代王安石推行变法，反对派、当世文豪苏轼上书宋神宗，以商鞅为前车之鉴，认为"惟商鞅变法不顾人言，骤至富强，亦以召怨天下，虽得天下，旋踵灭亡"。这都是典型的儒家视角。

然而，商鞅却又如同一个神秘的"黑色幽灵"，飘荡在每一个庙堂之上和治国者的心里。他的施政手段虽然暴烈，但真正达到了强盛国家和统一天下的目标，被证明是有效果的和成功的。苏轼在批评商鞅的同时也不得不承认一个事实："自汉以来，学者耻言商鞅、桑弘羊，而世主独甘心焉，皆阳讳其名而阴用其实。"客观地说，商鞅彻底改变了战国乃至后来中国的政治和经济生态，甚至，以两千年的历史跨度而论，他的基本治国理念顽强地延续了下来，核心理念被众多独裁者所沿袭。在中国的统治术里，貌似水火不容的儒家、法家其实谁也没有淘汰谁，在很多朝代，实际上呈现出"半法半儒"、"儒表法里"的景象。美国学者约瑟夫·列文森在《儒教中国及其现代命运》一书中便论证道，中国的皇朝体制有着一个"自相矛盾"的运行规律：儒教君主制的基础恰恰是反儒教的法家原则。[①]余英时在《反智论与中国政治传统》一文中也论证道，儒家到西汉董仲舒时已出现"法家化的倾向"，此后"它几乎贯穿了全部中国政治史"。[②] 法家的"不允许思想"与儒家的"只能有一种思想"，本质上都是要"统一思想"。

商鞅学说从阴暗之处重新回到明亮的主流舞台，是在 19 世纪中叶的鸦片战争之后。

---

① 约瑟夫·列文森：《儒教中国及其现代命运》，郑大华、任菁译，中国社会科学出版社 2000 年版，第 167 页。

② 余英时：《文史传统与文化重建》，生活·读书·新知三联书店 2004 年版，第 187 页。

其时，中华帝国遭遇前所未有的外辱，强国御敌成为了时代的唯一主题，儒家的抱残守缺以及怀柔学说不再适用，因此年轻人喊出"打倒孔家店"的决绝口号，而商鞅的强国之道焕发出让人难以抵抗的魅力，于是，举国争说法家，国家干预主义成为意识形态的主流，如梁启超所言及的，图国家生存发展为第一要务，图人民个人的幸福则次之。倘若个人的幸福与国家的生存发达不相容，则毋宁牺牲个人以裨益国家。其时的大政治家及知识分子，无论改良派或革命者，从孙中山、陈独秀到康梁、胡适，无不推崇国家主义和计划经济。①

在所有政治人物中，对商鞅最为尊崇的正是毛泽东。早在 1912 年，就读于湖南省立一中的 19 岁少年毛泽东写作《商鞅徙木立信论》一文，这是他留存至今的最早文稿，在这篇 500 余字的作文中，毛泽东写道："商鞅之法良法也。今试一披吾国四千余年之记载，而求其利国福民伟大之政治家，商鞅不首屈一指乎？"他的国文教员柳潜读后赞其"才气过人，前途不可限量"。及至晚年，沉迷于"将革命进行到底"的毛泽东对儒学嗤之以鼻，而独尊法家，他最欣赏的两位政治改革家，便是商鞅和王安石。1973 年 8 月，毛泽东创作《七律·读〈封建论〉呈郭老》一诗，将孔孟儒学贬为"秕糠"并公开替秦始皇"焚书坑儒"翻案，全诗曰："劝君少骂秦始皇，焚坑事业要商量；祖龙魂死秦犹在，孔学名高实秕糠；百代都行秦政法，十批不是好文章；熟读唐人封建论，莫从子厚返文王。"②

"百代都行秦政法"，实际上是毛泽东对两千多年前的商鞅前辈的一次遥远的致敬。

---

① 在民国学者中，胡适是自由知识分子的代表，据余英时的考据，胡适从 1926 年到 1941 年，一直对苏联和社会主义抱着比较肯定的态度。参见余英时：《重寻胡适历程》，广西师范大学出版社 2004 年版，第 238 页。

② 《建国以来毛泽东文稿》第 13 册，中央文献出版社 1998 年版，第 361 页。

第三讲

汉武帝变法：顶层设计的集大成者

你若问:历代经济变革,其基本的衍变逻辑是什么?

我可以提供一副六字对联加以说明:上联——"发展是硬道理";下联——"稳定压倒一切"。这两句名言都出自20世纪末的大改革家邓小平之口。一言以蔽之,就是发展与稳定的辩证史。

历史从未走出这副对联。发展经济必须放活民间,实现繁荣,而繁荣日久,地方势力就会坐大,商人就会骄纵,中央权威就受到挑战。此时,便需要进行集权式的变革,加强中央权威和控制力,可是如此势必削减地方,侵蚀民间,造成生产力的下降,最终仍然会导致政权新一轮的不稳定。至此执政者面临考验:是任由矛盾激化,还是再度放权让利,促使经济复苏?

若要找出一个可供印证的历史标本,从汉初的"文景之治"到汉武帝变法,最为合适。

"文景之治"的成就与后果

汉文帝、汉景帝执政前后七十年,这是大一统中央集权建成后的第一个经济大繁荣时期,史称"文景之治"。这场繁荣的出现,是放权让利式改革的结果。

之所以放权让利，并非统治者慈悲大发，而确实是无权可用，无利可图。

汉帝国初建时，天下已纷乱数百年，满目疮痍，国力极度羸弱，开国皇帝刘邦要出巡，居然配不齐六匹肤色一样的骏马，一些列卿大夫和诸侯，穷窘得只好以牛车代步。于是，"放水养鱼"势在必行，司马迁在《史记·货殖列传》中有一段很重要的记录："汉兴，海内为一，开关梁，弛山泽之禁，是以富商大贾周流天下，交易之物莫不通，得其所欲。"也就是说，政府改变了自商鞅以来的全面管制政策。"开关梁"——放关津，"弛山泽之禁"——放松对山林矿藏资源的专营，这是两个非常重要的政策变动，前者减少了地区之间的物流成本，汉朝从此没有再设关征税，统一市场的优势得以展现，后者则把利益最大的资源性产业向民间开放。这两大政策的推出，直接导致物流交易的活跃和工商业的繁荣。李剑农在《先秦两汉经济史稿》中指出："汉初实为中国商人第一次获得自由发展之安定时期也。"[1]

在放活工商的同时，朝廷对农业则采取了"轻徭薄赋"、"与民休息"的政策。文帝前后两次"除田租税之半"，租率最终减为三十税一，一度甚至还全免田租，长达十二年之久，这是中国历史上仅有的一次。[2] 同时，对周边敌对国家也不轻易出兵，尽量"委曲求全"，通过和亲维持和平，以免耗损国力。

这样的宽松政策——可以说是"休养生息"，也可以说是"放任自流"——实行了七十年。《史记·平准书》中记载，汉兴七十年间，民间和国库日渐肥腴，国家储备的钱财以亿计，用以串钱的绳子都朽掉了，中央粮仓里的粮食多得更是陈谷叠陈谷，以至"腐败不可食"。[3]

文帝、景帝俱崇尚道家，其政策的核心便也是无为而治。七十年的经济大

---

[1]　李剑农：《先秦两汉经济史稿》，读书·生活·新知三联书店1957年版，第199页。

[2]　在春秋战国时期，征收百分之十的田租被认为是"德政"的标志，孟子就曾说："什一而税，王者之政。"

[3]　《史记·平准书》："民则人给家足，都鄙廪庾皆满，而府库馀货财。京师之钱累巨万，贯朽而不可校。太仓之粟陈陈相因，充溢露积于外，至腐败不可食。"

发展使得四大利益集团的格局出现了极其剧烈的变化。

第一，自由商人集团崛起，成为一股强大的势力，控制了国民经济的命脉性产业。司马迁在《史记·货殖列传》中列举了西汉初期的二十一位富豪——他称之为"贤人所以富者"，其中，单独列出、比较详细地记载其事迹的有八位，前四个都是冶铁业者，其余则分别从事流通业、粮食业、种殖业和金融业。在国史上，支柱性产业被民间完全控制，仅汉初和民国初年两个时期。这些商人成为"豪强大家"，《史记·平准书》中有富商大贾横行天下、各地诸侯"低首仰给"的记载。司马迁还给这些商人起了一个称号："素封"——"当今那些没有官爵和封邑之地的人，却可以在享乐上与权贵相比，这就是素封。"①

第二，地方诸侯势力庞大，中央集权出现旁落的迹象。刘邦兴汉之后，实行的是分封制，众多同姓和功臣裂地建国。当放任自流的经济政策推出之后，地方诸侯利用各自的资源优势，迅速形成了强大的势力。其中气焰最盛者就是吴王刘濞，他拥有庞大的铸钱产业，而且吴地靠近东海，既有丰富的铁矿，也是海盐的盛产地，盐、钱、铁三业，让刘濞富甲宇内，他结交各国，逐渐成为一股足以与中央分庭抗礼的地方权贵力量。

第三，权贵与商人结成交易同盟，并极大地败坏吏治。《史记·货殖列传》中的刀闲、南阳孔氏等人"连车骑，交守相"，与地方诸侯互动频繁。汉朝虽然有禁止官吏经商的法令，可是执行得并不严格，在许多史书中都有官员与商人勾结、牟取利益的记载。

因此，到了景帝后期，居于中央政府内的有识之士便提出"增强中央、削弱地方"的集权主张。其中，最著名的是贾谊和晁错。贾谊在策论中担忧贫富不均、土地兼并，因商妇的服饰居然比皇后还要华贵而愤愤不平，在《治安策》中，他提出"众建诸侯而少其力"的方针，也就是"分而治之"，在原有的诸侯王的封地上分封更多的诸侯，从而分散、削弱他们的力量。在经济方面，则重新回到重

①　《史记·货殖列传》："今有无秩禄之奉，爵邑之入，而乐与之比者，命曰'素封'。"

农的道路上。与贾谊同岁、职位更高的御史大夫（副丞相）晁错尤为激进，他上呈《削藩策》，主张削夺犯有过错的诸侯王的支郡，只保留一个郡的封地，其余郡县都收归朝廷直辖。景帝采纳晁错的献策，先后削夺一些诸侯王的郡地，从而引发了由吴王刘濞发动的"七国之乱"。

发生在"文景之治"末期的这场叛乱，最生动地表明，在大一统的中央集权制度刚刚建立起来的初期，中央与地方的集权、分权矛盾便难以均衡，甚至可以说是非此即彼，不可调和。从此，如何均衡两者，作出适当的制度安排，成了统治中国的首要课题，历代政权往往踯躅于此，兴盛或衰落也由此而生。此景，两千年以降未曾稍改。

刘彻：大一统制度的集大成者

"七国之乱"平定后的第十三年，刘彻登基，是为汉武帝。他当政五十四年，一改前朝的休养生息政策，文治武功，一举把帝国拉回到高度专制集权的轨道之上，汉朝成为当时世界上最强大的国家。就四大基本制度的建设而言，试验于商鞅，成形于嬴政，集大成于刘彻。

在中央与地方的权力分配制度上，汉武帝颁布《推恩令》，强行要求诸侯分封诸子为侯，使其封地不得不自我缩减，同时，朝廷向各地委派主管行政和监察工作的刺史，由此空前加强了中央集权。

在全民思想的控制上，他接受大儒董仲舒的建议，提出"罢黜百家，独尊儒术"，让儒学成为唯一的正统思想，延续了七百年的百花齐放的景象到此戛然而止。中央集权必"统一"国民思想，不过手段各有巧妙，史学家顾颉刚曾比较秦始皇与汉武帝的不同办法："秦始皇的统一思想是不要人民读书，他的手段是刑罚的制裁；汉武帝的统一思想是要人民只读一种书，他的手段是利禄的引诱。

结果，始皇失败了，武帝成功了。"①

在外交政策上，武帝一反之前的绥靖政策，派卫青和霍去病与匈奴常年作战，夺回河套和河西走廊地区，大大扩张了版图。在东北方，他派兵灭卫氏朝鲜（今朝鲜北部），置乐浪等四郡，在南方，则使夜郎、南越政权归附汉朝，汉帝国版图至此基本成形。在大动兵戈的同时，他还大规模地兴修水利和修筑道路。

到执政第二十个年头的时候，公元前 121 年，汉军大败匈奴主力，取得对匈战争的最大胜利，浑邪王率四万之众归附大汉，举国上下为之大振，刘彻的政治威望也达到了顶点。不过，在经济上，中央财政却出现了"用度不足"的危急情况。史载，汉武帝"外事四夷，内兴功利，役费并兴"，硬是把文景两帝留下来的充沛国库消耗一空，"兵连而不解，天下共其劳"，"费以亿计，县官大空"。

正是在这样的背景下，汉武帝开始推出一系列强硬的国营化经济政策，涉及产业、流通、金融、税收等多个领域，是一次真正意义上的、具有顶层设计意味的整体配套体制改革，具体的操盘人为桑弘羊。

在解读汉武帝的这场经济改革之前，有三个前提是要预先观察到的：第一，经济改革开始之前，政治集权和思想统一已经全面完成；第二，以抵御外族入侵为口号的讨匈战争为集权改革创造了道义上的理由，对凝聚基层民心起到了关键作用；第三，"文景之治"留下巨大的、可供攫取的民间财富。这三项是保证改革得以顺利推进的客观条件。也就是说，汉武帝掌握了改革的"时间窗口"。

产业改革：铸钱、盐铁与酿酒

就产业改革而言，首要之举，当然就是从利益最为丰厚的地方切割下去，于是，几个与资源垄断有关的制造业——铸钱、煮盐、冶铁和酿酒相继被国营化。

---

① 顾颉刚：《汉代学术史略》，东方出版社 2005 年版，第 46 页。

汉初近百年，民间拥有铸造铜钱的权力，文景时最大的货币供应商是东部的吴王刘濞和西部的邓通，有"吴币、邓钱布天下"之谓，两人因此巨富。汉武帝从登基的第一年起，就开始了币制改革，在执政期间先后改了六次，到公元前119年，他认为时机已经成熟，便颁布"盗铸金钱者死罪令"，从此杜绝了民间铸钱的陈俗。公元前118年，汉武帝废一切旧币，改铸五铢钱，这种小铜钱外圆内方，象征着天地乾坤，在下面用篆字铸出"五铢"二字，从而奠定了中国铜钱的孔方形式。五铢钱前后沿用了七百四十年，直到唐代才被废止，是中国历史上铸行数量最多、时间最长的铜币。中国历史上长期铜银并用，一直到晚清时，用于支付赋税或完成跨省的大规模交易的银锭或银元大多由私人供应，使用量最大、用于地方小额零售交易的铜钱则由政府铸造。①

在盐业专营上，汉武帝实行的是管仲当年用过的办法：招募民众煮盐，而由官府专卖。民众向官府申请注册成盐户，煮盐费用全部由盐户负担，官府提供煮盐的铁锅——"牢盆"，煮成之盐完全由官府收购。全国盐业管理机构达三十五处。盐业专营对国家财政收入的贡献是巨大的，据计算，当时每人每月平均食盐在三升（古制）左右，以全国人口五千万计，是一个庞大而稳定的需求市场，宋元之际的史学家胡三省在注《资治通鉴》时认为，武帝通过盐业专营获得的利益约占财政收入的一半。自此，朝廷又出现了"用饶足"的景象。②

铁业则完全由官府彻底垄断，按规定，凡产铁的郡里均设置铁官，即便是不产铁的郡里也要在县一级设置小铁官，铁的冶炼和铁器的制作与销售，一律由铁官负责。全国铁业管理机构计四十八处。这一法令颁布后，民间不得再擅自冶铁，更不得私自贩卖，违令者，要在左脚戴上六斤重的铁锁，并没收其器物。这一政策已有别于管仲，政府不但垄断了销售和定价权，更直接进入了制造的

---

① 林满红：《银线：19世纪的世界与中国》，江苏人民出版社2011年版，第2页。

② 《资治通鉴》胡三省注："盐之为利厚矣……汉武之世，斡之以佐军兴……其利居天下税入之半。"

环节。在国史上，从秦汉至明清，国家通过资源垄断获得专营收入的方式有很多种，大多采用的是资源牌照授权、控制销售渠道等政策，直接进入制造环节，实行"采产销"全面管制的并不多，这是典型的一次，今日所谓的"中央企业"应脱胎于此。

另外一个被专营控制起来的产业是酿酒业。中国的酿酒业源远流长，其利润非常丰厚，《史记·货殖列传》中记载，如果一年酿酒一千瓮，其投资所得，相当于战国"千乘之家"或汉代"千户侯"的收入。[1] 公元前98年前后，政府实行酒专卖。其办法与食盐专卖类似，由官府供给私营酿酒作坊粮食、酒曲等原料，规定酿造品种和规格，生产出来后，由官府统一收购和销售，就是所谓的"县官自酤榷卖酒，小民不复得酤也"。据史家吴慧的计算，酒榷的专营收入非常高，每生产一千瓮的酒，至少可得到二十五万两千钱的收益，通过统购统销，又可再得百分之二十的赢利。[2]从此以后，酒与盐铁并列称为"三榷"，成为国家实行垄断经营的主要产业，历代衍续，从未中断，而对烟草、茶叶的国营垄断也成为专营事业的重要组成部分。

流通改革：均输与平准

如果说产业改革尚有先例可循，那么，武帝在流通领域展开的变革则完全是开天辟地的。其主要政策有二：一曰"均输"，就是统购统销；一曰"平准"，就是物价管制。

根据汉律，郡国都必须向朝廷贡纳当地的土特产，在当时，这便是价值最高的交易物品。由于交通不便，这些贡品的运输成本很高，而且采购、保存十分繁

---

[1] 《史记·货殖列传》："通邑大都，酤一岁千酿……此亦比千乘之家，其大率也。"
[2] 吴慧：《桑弘羊研究》，齐鲁书社1981年版，第262页。

杂,甚至存在各地商贾乘机哄抬物价的情况。桑弘羊就提出了均输的办法,规定所有贡品均按照当地市价,由政府统一采购,然后由官办的运输机构运往其他不出产此类物品的地区高价出售。朝廷在大农丞之下设立均输令,各地设均输官,建立起一个由中央统一管理的国营商业网络。

在大力推广均输法的同时,桑弘羊还配套采取了一项新的物价管理措施,是为平准法。就是由国家来控制全国的物资和买卖,以平衡物价,它与均输相辅相成,成为中央政府控制市场、从流通领域获取利益的重要工具。均输与平准,一是管理零售市场,一是掌握批发环节,两者互相配合,构成国营商业的统一体系,其功能等同于物资部和物价委员会,是一种非常典型的计划经济运作模式,1949 年之后,陈云等人在中国构筑的国营流通模式与此非常类似。①

这一国营商业体系的建成,使得中央政府控制了全国重要物资的流通利益,其成效在很短的时间内就快速地呈现出来。史载,在一年时间里,两大中央粮库——太仓和甘泉仓就装满了粮食,连边疆的粮仓也有了余粮,通过均输所获得的盈余就有五百万匹帛(帛在汉代可以当作货币流通)。② 连司马迁也不得不给出了一个著名的评论,"民不益赋而天下用饶"——老百姓没有多交税,而财政则变得无比充沛。极具讽刺意味的是,政府收入的增加并非因生产效率的提高,而是既有的社会财富在政府与民间的重新分配。

税收改革:告缗令与算缗令

如果说,盐铁专营和均输、平准二法使得国家有力地控制了重要的产业经济,那么武帝推行的税收改革则让全国的中产阶层全数破产了。

---

① 吴晓波:《跌荡一百年(下卷)》,中信出版社 2009 年版,第 109—113 页。
② 《史记·平准书》:"一岁之中,太仓、甘泉仓满。边余谷诸物均输帛五百万匹。"

公元前119年，汉军与匈奴主力再次决战，与此同时，山东（太行山以东）发生重大水灾，七十余万饥民无以为生。在军费大增和紧急救灾的双重压力下，桑弘羊和张汤向武帝提议，向全国有产者征收资产税，是为"算缗"。根据颁布的"算缗令"，凡属工商业主、高利贷者、囤积商等，不论有无"市籍"，都要据实向政府呈报自己的财产数字，规定凡二缗（一缗为一千钱）抽取一算（两百文），即一次性征收百分之十的财产税。而一般小手工业者，则每四缗抽取一算。

"算缗令"颁布后，有产者大多不愿主动申报，出现了"富豪皆争匿财"的景象。于是，武帝使出了最强硬的招数，两年后颁布的"告缗令"，鼓励举报，有敢于告发的人，政府赏给他没收财产的一半。

这个"告缗令"相当于发动了一场"挑动群众告发群众"的"人民内部斗争"，此令一出，中产以上的家庭几乎都被举报，社会秩序顿时大乱。朝廷内部对这一法令颇多非议，武帝不惜用杀戮的办法来对付所有的反对者，时任长安行政长官（右内史）义纵不愿严格执行"告缗令"，借口举报的人都是乱民，要加以搜捕，武帝大怒，将他处以死刑。时任大农令颜异也对这一政策持不同意见，最后以"腹诽"的罪名被处死。武帝委派张汤、杨可、杜式等酷吏严格落实"告缗令"。

这场举报运动持续推行三年之后，"告缗遍天下"，中等以上的商贾之家，大多被告发抄产，政府没收了难以数计的民间财产以及成千上万的奴婢，连皇家园林上林苑里也堆满了没收来的财物。

变法造就第一个"半亿帝国"

汉武帝的整体配套改革，始于公元前121年，终于他去世前两年的公元前87年，前后约三十四年。在国史上，他是第一个真正建立了完备的中央集权制度的大独裁者。汤因比在《历史研究》中写道："若是以业绩的持久性为衡量标准,汉朝创立者算得上是所有大一统国家缔造者中最伟大的政治家。"[①]汤因比所提及的"汉朝创立者"为刘邦,而事实上,真正使中央集权制度得以持久延续的无疑是刘彻。在全球范围内,几乎与刘彻同时的另外一个大帝,是罗马共和国的凯撒(前102—前44年)。这似乎又是一个巧合,就在中国构筑了中央集权体制的时候,罗马也从共和政体向帝国政体转型,世界进入了"独裁者时代"。

武帝执政时期,中国人口已经超过五千万,这也是地球上的第一个"半亿帝国",他的集权变法使得汉王朝成为世界上最强大的国家,"强汉"之谓由此而生。汉武帝通过持续、系统的政策试验,确立了中央集权制度下的经济治理基本模型。从史书的记载可见,无论是产业改革还是流通改革或税收改革,其最终的结果都是"国库为之一饱",即其改革的目标和效果都是为了增加中央政府的财政收入。从时间的角度看,几乎所有的经济集权政策都出台于汉帝国与匈奴的长期战争进入相持阶段的关键时刻。这些增收实施为汉匈战争的最终胜利以及其后对朝鲜、南粤等地区的征服提供了强大的经济保障。

国家控制经济命脉之后,地方诸侯被剥夺了最重要的收入来源,与中央对抗的力量自然锐减,在经济上大大地保障了中央集权的重新形成。

在这次改革中,通过国营企业体制"集中力量办大事"的特征也已然呈现。

以盐铁为例,在政府投资的驱动下,汉代盐铁产业的生产规模和技术水平都得到了空前的提升。据当代史家陈直等人的研究,汉初从事冶铁业的人员起码在五万人以上,每处铁官则平均多达一千人,在官营之前,国内最大的私营铁器商的人员规模亦不过如此。[②] 时人已经非常清晰地意识到,由政府投资的国营事业在规模化生产上比私人企业大很多,《盐铁论》记载:"政府把工匠召集起来开展生产,要钱有钱,要器具有器具。如果让私人来经营,难免格局不大,产

---

① 阿诺德·汤因比:《历史研究(下卷)》,郭小凌、王皖强等译,上海人民出版社2010年版,第621页。

② 陈直:《两汉经济史料论丛》,陕西人民出版社1980年版,第109页。

品质量参差不齐，现在由政府统管盐铁事务，统一用途，平衡价格，官员们设立制度，工匠们各尽其职，自然就能生产出上好的商品来。"①在经济思想史上，这是第一段论述规模化生产优势的文字。

因为有了规模化的经营，西汉的冶铁技术也得到了极大的改进和推广，比如铸铁柔化处理技术和炼钢技术，在西汉初年还没有普及，但官营冶铁后却得到了迅速推广，工艺也更为成熟。在当时的世界，汉人的铁器制造技术是最为高超的，远非周边少数民族可以相比，《汉书》记载，匈奴与汉军作战，需要用五人才能抵挡一个汉军，主要的原因正是前者的铁制兵器比较落后。② 汉武帝之所以能够开疆拓土，无往不利，这也是重要的原因之一。

变法的负面效应及争论

武帝变法所造成的负面效应也是显著的。

自实体产业及流通被国家专控之后，"文景之治"所形成的民间经济大繁荣的格局被彻底扼杀，汉朝再难出现司马迁在《史记·货殖列传》中所记载的那种大商巨贾，商品经济从此趋于衰竭。

算缗令及告缗令的实行，更是导致了两个后果：第一，社会财富被强迫"清零"，中产阶层集体破产，工商动力丧失；第二，更严重的是，政府在这场运动中几近"无赖"，对民间毫无契约精神，实质是政府信用的一次严重透支，从而造成社会财富观念的空前激荡，民众的储蓄和投资意识从此锐减，据《史记·平准书》记载："民偷甘食好衣，不事畜藏之产业。"——"民众有好看的衣服马上就

---

① 《盐铁论·水旱》："卒徒工匠，以县官日作公事，财用饶，器用备。家人合会，褊于日而勤于用，铁力不销炼，坚柔不和。故有司请总盐、铁，一其用，平其贾，以便百姓公私。虽虞、夏之为治，不易于此。吏明其教，工致其事，则刚柔和，器用便。"

② 《汉书·傅常郑甘陈段传》："夫胡兵五而当汉兵一，何者？兵刃朴钝，弓弩不利。"

穿,好吃的马上吃掉,不再愿意储蓄投资。"其历史性后果耐人寻味。

而国营事业在"办大事"的同时,也体现出了与生俱来的劣质效率。各地铁官监造出来的民用铁器质量低劣,而且非常昂贵,还强令民众购买,导致怨声载道。

在知识界,武帝的改革遇到了众多反对者,其中最为激烈的,包括当世最著名的两个知识分子——大儒董仲舒和《史记》作者司马迁。董仲舒是汉代儒学的奠基人物,他明确地反对国营化政策,认为应该使"盐铁皆归于民",他还提出享受政府俸禄的官员和贵族应该退出商界,不应该与民争利。① 司马迁的经济观点与董仲舒近似,相对的,他对商人阶层给予了更多的同情和认可,称那些大商人是"当世千里之中,贤人所以富者",有不少史家甚至认定《平准书》和《货殖列传》实际上是司马迁为了反对官营工商业政策而写的两篇专题论文。

从变法的长期执行效果看,到后期确乎出现了重大的政策后遗症。

因国营化政策而增加的财政收入,大多用于国防军备,平民阶层因此而得到的实惠少之又少,这再一次证明,在国家主义的政策之下,国强易得,民富难求。到武帝晚年,出现了"天下困弊,盗贼群起"的景象。公元前 89 年,68 岁的汉武帝颁布《轮台罪己诏》,内称"本皇帝自即位以来,所作所为很是狂悖,使得天下百姓愁苦,我现在追悔不及,从今往后,凡是伤害百姓、让天下人劳苦的政策,全部都要停止"。他提出,"当务之急是停止苛刻粗暴的政策,减少赋税徭役,恢复重视农耕和畜牧的政策,减少军备开支"。② 这是中国历史上第一份记录在案的皇帝检讨书。以武帝的雄才伟略,早年不可一世,晚年黯然罪己,也算是历史的一个讽刺和警醒。此后,中央政策趋于宽松,民间稍得喘息,终于避免了更大的动荡,司马光在《资治通鉴》中就尖锐地说,武帝"有亡秦之失,而免亡秦之祸"。

---

① 《春秋繁露·度制》:"使诸有大奉禄,亦皆不得兼小利、与民争利业。"

② 《轮台罪己诏》:"朕即位以来,所为狂悖,使天下愁苦,不可追悔。自今事有伤害百姓,靡费天下者,悉罢之。""当今务,在禁苛暴,止擅赋,力本农,修马复令,以补缺,毋乏武备而已。"

盐铁会议与"桑弘羊之问"

就在颁布《轮台罪己诏》的两年后，公元前 87 年，一代大帝汉武帝郁郁而终。公元前 81 年 2 月，汉帝国的朝堂之上举办了一次关于盐铁专营政策的公开辩论会，在中国经济史上，这可以说是最伟大的一次经济政策辩论会。一个叫桓宽的人详实地记录了辩论的内容，写成一部流传至今的奇书——《盐铁论》。

辩论的一方是六十多位来自全国各地、反对国营化政策的儒生，另一方是桑弘羊和他的属吏。桑弘羊是武帝最倚重的财经大臣，他出生于洛阳商人家庭，据称心算天下第一，他十三岁就入宫充当"侍中"，此后六十多年间，一直身处内廷之中，几乎参与了武帝时期的所有经济决策，可谓是汉武盛世的最大财经功臣。汉武帝对臣下猜忌无度，生杀予夺，曾在十年间换了六任大农令，其中诛杀两人，只有桑弘羊署理财政后再无更替，时人评论说，武帝对他言听计从，好比当年越王勾践对文种和范蠡那样。① 在后世，桑弘羊与商鞅、王安石一样，是一个评价两极化的人物，有人赞之为"兴利之臣"，是中国历史上最杰出的理财大师，也有人斥之为"乱国酷吏"。武帝在世时，就有儒生对桑弘羊恨之入骨，有一年天下大旱，有人上书献策曰："烹弘羊，天乃可雨。"

在这场大辩论中，时年七十四岁的桑弘羊明显处于被攻击的守势，桓宽真实地记录了他当时的种种表情，如"大夫默然"、"作色不应"、"缪然不言"、"悒悒而不言"、"勃然作色，默而不应"、"俯仰未应对"、"怃然内惭，四据而不言"等，显然是一副被告的模样，他前后发言一百三十多次，均是为专营政策作顽强的辩护，这也成为后世研究武帝变法的最生动和宝贵的原始资料。

---

① 《盐铁论·伐功》："用君之义，听君之计，虽越王之任种、蠡不过。"

群儒反对国营化政策的理由主要集中在以下三点：一是指责盐铁、均输、平准等是"与民争利"，造成官商勾结，物价沸腾，民间经济萧条；[1]二是国营企业生产和经营存在重大弊端，其商品要么不适民用，要么质量低劣，各级官吏则强买强卖；三是不可避免地出现了权贵经济，形成了一个背靠政权，以国营为名，通过特权攫取庞大利益的经济集团，他们的权势大于朝廷重臣，他们的富足一点也不逊色于范蠡之辈。[2]

群儒所提出的这几点，在桑弘羊看来，都不意外，他一一予以回应和驳斥。在他看来，这些人来自民间，都没有治国的经验，只能提出国营化的弊端，却提不出有建设性的意见。他提出了著名的"桑弘羊之问"：如果不执行国营化政策，战争的开支从哪里出？国家的财政收入从哪里得？地方割据的景象如何化解？而这三项不正是治国者必须面对和解决的最重要课题吗？为了表示自己与满口"仁义道德"的儒生们的观念对立，桑弘羊在一百多次的回应中，从来没有使用过"仁义"二字。

在西汉时期，知识界对商鞅的评价已颇为负面，唯独桑弘羊对之褒扬有加，在《盐铁论》中专门有一章《非鞅》，辩论双方就这一并不久远的历史人物进行了激烈的争辩。与儒生的观点截然相反，桑弘羊认为商鞅"利用不竭而民不知，地尽西河而民不苦"，真正做到了"不赋百姓而师以瞻"。

在《盐铁论》一书中，桑弘羊的经济思想得到了一次淋漓尽致的呈现。或许是商人家庭的背景，或许是天赋所在，桑弘羊是中国历史上第一个把工商业看成是"富国之本"的人，这比管仲又进了一步。

---

[1] 《盐铁论·本议》："县官猥发，阖门擅市，则万物并收。万物并收，则物腾跃。腾跃，则商贾伴利。自市，则吏容奸。豪吏富商积货储物以待其急，轻贾奸吏收贱以取贵，未见准之平也。"

[2] 《盐铁论·刺权》："自利害之设，三业（指盐铁、均输、酒榷三业）之起，贵人之家，云行于涂，毂击于道，攘公法，申私利，跨山泽，擅官市，非特巨海鱼盐也；执国家之柄，以行海内，非特田常之势、陪臣之权也；威重于六卿，富累于陶、卫……"

他提出"富国何必用本农，足民何必井田也"——要让国家强大何必依赖于农业，要让百姓富足何必井田制这样的笨办法？又说，"富在术数，不在劳身，利在势居，不在力耕"——致富之道在于谋略，不在于身体的辛劳；利润的获取在于积聚效益，而不在盲目蛮干。他甚至认为，工商不畅，农业无从发展，国家财政也失去来源。① 他甚至一点也不讳言专营政策内在的与民争利的本质，他说，实行均输与平准，目的之一就是让商贾从商品买卖中无从得利。②

桑弘羊经济思想的最大贡献就是强调工商富国。胡寄窗在《中国经济思想史》中写道，桑弘羊几乎已是摆脱了伦理的局限而考察财富问题，他的重商理念，百代以降，少有认可。③ 与西方相比，一直到 15 世纪之后，欧洲才出现了类似的重商主义思潮。桑弘羊所提出及执行的所有经济政策的主旨并不在于压抑工商业——相反，他和汉武帝最早透彻地看到了工商业所产生的巨大利润，他们的目标在于将工商业中的私人利润转化为国家的利润。也就是说，主张发展以国营工商业为主体的命令型计划经济，桑弘羊继承了管仲的盐铁专营思想，并进一步把这一做法扩大化和制度化。

在这个意义上，说中国自古是"轻商"的国家，就成了一个伪命题。因为，自汉武帝之后的中国历代统治者从来没有轻视工商业，他们只是抑制民间商人而已。他们把最能够产生利润的工商业收归国家经营，深谙工商之于富国的意义。当国家直接进入产业经济阶段之后，国家资本集团就与民营资本集团构成了竞争之势，后者自然就遭到了打压。所以，轻视商人与重视工商，正是一体两面的结果。

盐铁会议是中央集权体制在中国出现之后，人们对经济治理模式的一次总检讨，面对一个前所未见、疆域广阔、人口众多的帝国，人们显得焦虑而手足无

---

① 《盐铁论·本议》："故工不出，则农用乏；商不出，则宝货绝。农用乏，则谷不殖；宝货绝，则财用匮。"

② 《盐铁论·本议》："贱即买，贵则卖。是以县官不失实，商贾无所贸利，故曰平准。"

③ 胡寄窗：《中国经济思想史（中册）》，上海财经大学出版社 1998 年版，第 116 页。

措，而刚刚过去的武帝"盛世"，既让他们感到了帝国的荣耀，同时也饱受集权之苦。在大辩论中，辩论双方所涉及的话题已非常深入，甚至可以说，困扰中国至今的众多治国难题，特别是中央与地方的权力分配以及国家在国民经济中的角色困境，在当时已经毕现无遗。群儒对于桑弘羊的政策，只知汹汹反对，却提不出任何建设性的方案，双方交锋每每擦肩而过。群儒一直不敢直面那道难解的"桑弘羊之问"。事实上，直到今天，国人仍然没有找到解决的答案。

第四讲

王莽变法：第一个社会主义者的改革

　　王莽执政的时间甚短,仅仅十五年,不过他搞的那场经济改革却轰轰烈烈,很有典范性,胡适因此称他为"中国历史上的第一位社会主义者"。故而,我们要专辟一讲讨论。

　　在历史教科书上,王莽是一个被符号化了的阴谋家,唐代诗人白居易有诗曰:"周公恐惧流言日,王莽谦恭未篡时。向使当初身便死,一生真伪复谁知?"不过到了近世之后,知识界的态度大有转变,胡适两次撰文为之翻案,他写道:"王莽受了一千九百年的冤枉,至今还没有公平的论定……然而王莽确是一个大政治家,他的魄力和手腕远在王安石之上。我近来仔细研究《王莽传》、《食货志》及《周礼》,才知道王莽一班人确是社会主义者。"①因写作《中国人史纲》而闻名的历史学家柏杨也在自己的著作中说:"王莽是儒家学派的巨子,以一个学者建立一个庞大的帝国,中国历史上仅此一次。王莽有他的政治抱负,他要获得更大权力,使他能够把儒家学说在政治上一一实践,缔造一个理想的快乐世界。"所以他的改制都是"为了改善这种不公平和铲除造成这种不公平的罪恶"。②

---

　　① 胡适:《1900年前的社会主义皇帝王莽》,《皇家亚洲学会华北分会会刊》1928年第59期。

　　② 柏杨:《中国人史纲》,中国友谊出版公司1998年版,第298—299页。

中国历代开国皇帝大多为"马上得天下"的武夫,只有一妇一儒例外,即武则天和王莽。胡适、柏杨等人欲为之翻案,都与那场经济变革有关。

变法背景:世族经济威胁中央集权

自商鞅推行军爵制之后,贵族世袭传统被打破,然而,中国社会由贵族形态向士绅形态转型则又经历了七百年左右的过渡期,即自西汉中期到隋,我们称之为世族形态,与之适应的便是世族经济。

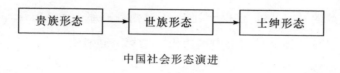

中国社会形态演进

所谓世族,与贵族不同,它并没有得到政权的法定确认,而是以血缘来维系和传承,其衍续壮大,有赖于一代代子弟的经略努力。同时,世族在价值观上一切以家族利益为重,国家意识薄弱,对中央政权缺乏忠诚度。

由战国而秦,再由秦入汉,先后产生了大批平步青云的军功地主,他们获得授田,然后凭借丰厚的赏赐俸禄、社会地位的优势,再大肆购置田地。与此同时,他们招募大量的私人农户,这些人租耕土地,不直接向政府缴纳租税,甚至不服徭役,不是政府在册的编户人口。其经济安排,按自给自足的原则规划经营,方圆之内,农、林、牧、副、渔多种经营,样样具备,还有自成体系的小型灌溉系统,做到"有求必给,闭门成市"。世族庄园的四周则建有自卫的"坞堡",拥有一支召之能战的私人武装。在世族内部,因血缘宗族而构成纽带,族长的意旨就是全族的意旨,可以左右全宗族以何种方式参与社会活动。这种社会组织具有强烈的封闭性,可以完全不依赖外界而独立生存。

汉武帝时期,世族势力遭到压抑,他去世之后,各项管制政策相继松弛,继任的几位皇帝都很软弱,中央朝纲日渐为外戚和宦官所把持,而地方上的世族势力乘机崛起。他们在朝堂之上,左右政策走向和人事安排;在地方,则官商结合,自成体系,大量兼并土地和招纳人口,盘根错节,终成豪强气候。到西汉中后期,这一情况已经相当严重,出现了"四世三公"、"一门五侯"的"佳话",世族门阀不可一世。

世族集团在经济上"闭门成市",严重阻碍了商品大流通,使得生产力无法释放,在政治上对中央集权构成威胁,随时可能孕生颠覆政权的力量。公元8年,王莽篡汉称帝,国号"新",这本身就是一起外戚夺权事件,王莽的姑母王政君是汉元帝的皇后,王家曾五人同日封侯。在猎取了政权后,王莽试图一举改变世族失控的现状,便迅速地展开了全面的经济改革。

改革三战场:财政、货币和土地

王莽变法自称是"奉古改制"——中国人从来认为今不如古,前人比今人聪明。不过从政策上看,他并不想改回到遥远的周代去,改革的目标其实就是"汉武帝—桑弘羊"模式。他的改革基本上紧紧地围绕影响宏观经济的"三大核心课题"财政、货币和土地而展开。

王莽登基第二年,就推出"五均六筦"。所谓"五均",是在长安、洛阳、邯郸、临淄、宛、成都这六大都市设立五均官,由原来的令、长兼理,称为"五均司市师",他们的工作,一是定时调节、均平物价,名曰"市平";二是控制市场供应,市场货物滞销时,以低价收购,货物涨价时,则以高价出售;三是办理赊贷,根据具体情况,发放无息贷款(赊)或低息贷款(贷);四是征收山泽之税及其他杂税。所谓"六筦",是指官府掌管六项经济事业,即由国家专卖盐、铁、酒,专营铸钱,征收山泽生产税,经办五均赊贷。简而言之,"五均六筦"就是全面恢复盐铁专营和均输、平准二法。

从王莽为"五均六筦"所下达的诏书看，他对专营政策的理解是非常到位的。他说，政府要管制的都是民众日常必需品，即便价格很高，民众也一定会购买的商品，也就是"关系到国计民生的关键性产业"，这些产业国营化之后，就可以达到"齐众庶，抑兼并"的目的。胡寄窗评论说："在王莽以前，倡议经济管制者如管仲与桑弘羊，对管制政策的必要性都不如王莽所讲的透彻。"① 不过，后世的人们也都知道，所有推行计划经济的人无不以"均贫富"和实现社会公正为口号，而实际上都是为了加强集权以及扩充财政收入。

与汉武帝时期的国营化政策相比，王莽的政策推出太密集，计划色彩甚至更加浓重。比如，在零售物价的管制上，到了事无巨细的地步，《汉书·食货志》记载，政府在规定的时间对各种商品进行分类定价，同一种商品按品质的不同分成上、中、下三等，然后才允许商贾拿到市集上去销售。② 这无异于用计划之手完全地代替了市场的功能。

如果说王莽在财政和产业政策上完全效仿汉武帝，那么，他在货币和土地改革上则要激进得多。

王莽第一次改变币制是在登基前一年，即公元7年的5月，他以周钱为蓝本，增铸货币，新币分三种，各值五千钱、五百钱和五十钱，是为"大钱"。当时，国内已经呈现通货膨胀的苗头，新币的名义价值远远高于旧币五铢钱，于是民间私铸之风大起，王莽下令禁止列侯以下私藏黄金。

公元8年，新朝创立，王莽以"奉天承运"为名义改出一铢小钱，社会传言说五铢钱和大钱都要被废止，市场顿时大乱，王莽一方面把涉谣者、传谣者抓起来，流放边疆，另一方面则大量铸造小钱。到了公元10年，王莽突然又宣布改变币制，把货币总名为"宝货"，分金货、银货、龟货、贝货、钱货、布货等六种，六

---

① 胡寄窗：《中国经济思想史（中册）》，上海财经大学出版社1998年版，第162页。

② 《汉书·食货志》："诸司市常以四时中月，实定所掌，为物上、中、下之贾，各自用为其市平。"

种货币又细分为二十八个品种。因品种繁多，换算比值又不合理，造成老百姓理解混乱，交易大受影响——"百姓愦乱，其货不行"。四年后，王莽被迫第四次改变币制，他下令废止大钱、小钱，发行"货布"（重二十五铢，值二十五）、"货泉"（重五铢，枚值一）两种货币。在短短七年间，王莽进行了四次币制改革。

在土地改革上，王莽提出的改革方案最为决绝——恢复全面的土地国有制，然后平均分配给农民耕种。其具体政策是：把天下的田地都更名为"王田"，一律不得买卖，凡是一个家庭男丁不到八个而田地超过一井（计算单位，一井为九百亩）的，就把多余的部分分给宗族和同乡的人。①

这是自商鞅"废井田"之后，第一个重新推行土地国有化的政权。土地是世族集团得以生存和繁衍的根基，在此之前，针对土地兼并的状况，很多人提出过种种遏制设想，比如董仲舒就建议"限田"，他深知恢复到井田制的办法是不可行的，不过可以通过额定每户拥有土地的上限，来防止兼并过度。② 这种在肯定土地私有制的基础上平均地权的思想，在后来的历史中是主流。王莽推行王田制，是对土地性质进行的一次革命。如果从两千年历史来看，从先秦到1949年，历代治国者中试图将土地全面国有化的人非常少，严格来讲，只有两人，一是新朝王莽，再一个是中华民国的缔造者孙中山，而孙氏只是纸上宣示③，王莽却付诸实施。

在推行土地国有化的同时，王莽宣布不准买卖奴婢，其理由是奴婢买卖有悖于"天地之性人为贵"的圣人之义。从记载看，王莽似乎一直对奴婢抱持同情的态度，在还没有当上皇帝的时候，他的次子杀死了一名婢女，王莽硬逼着他自

---

① 《汉书·王莽传》："今更名天下田曰'王田'……不得买卖，其男口不盈八，而田过一井者，分余田予九族邻里乡党。"

② 《汉书·食货志》："古井田法虽难卒行，宜少近古，限民名田，以澹不足，塞并兼之路。"

③ 1906年，孙中山在《民报》第三号上宣布革命的六大主义，其中第三条为土地国有，"均地政策为人民平等之基础"。在《民报》第十号上，他更宣告："中国行了社会革命之后，私人永远不用纳税，但收地租一项，已成地球上最富的国。"

尽偿命。因此,不少史家对王莽禁止买卖奴婢政策的评价很高,认为这是一个人道主义的创举。不过,仅从经济的角度来看,王莽的思考未必及此,限制土地兼并与限制人口兼并,是打击世族门阀势力的配套性政策。

最惨烈的改革结果

王莽的经济改革,是以掉脑袋落幕的。

"五均六筦"的国营化改革,剥夺了民间工商业的所有利润,却没有带来国库的充盈。王莽效法汉武帝,任用了一批商人来经营"五均六筦"。他任命京城最出名的巨商王孙卿为主管市场的京师市师、汉司东市令,任命洛阳城里有"十千万"资产的富商张长叔、薛子仲为纳言士,在各地设置专营事务的官吏时,大多用的是当地的商人,让他们当交易丞、钱府丞等。由于缺乏铁腕的监督机制,这些穿着官服的商贾乘机与行政官员沆瀣一气,虚设账簿,掏空国库,大肆牟取私利,最终的结局是,官府的钱库没有充实多少,却弄得天下百姓苦不堪言。①

七年四次的币制变动让金融秩序大乱,政府的金融信用几乎破产。史载,"每次变动,都造成民间的一次大破产,监狱里因此人满为患"。②

土地国有化引起中产以上利益集团的集体反抗。早在西汉时期,土地就成了财富的主要承载形式,具有"类货币"的性质,王莽在缺乏任何民意基础的前提下贸然推行王田,自然得罪了几乎所有的社会阶层。

在执行层面上,行政官吏的懈怠及不配合也是造成改革凝滞的重要原因。王莽是一个特别多疑和迷信的人,常常借口地震或日食裁撤官吏,在执政的十

---

① 《汉书·食货志》:"郡有数人,皆用富贾。……乘传求利,交错天下。因与郡县通奸,多张空簿,府藏不实,百姓俞病。"

② 《汉书·食货志》:"每壹易钱,民用破业,而大陷刑。"

多年里竟然换了八任大司马。

因此,王莽变法既得罪了世族和有产者,又得不到无产者支持,而中央又没有增加收入,可谓疲劳天下,一无所得。改革进行到第十四个年头,已经无法寸进,公元22年,王莽不得不下诏书,废止即位以来的所有改制政策。可是,天下事已不可为,第二年的10月,叛军攻进长安城,王莽逃至未央宫的渐台,被人砍下了脑袋。

王莽变法的失败,既是一次古典社会主义的试验失败,又是理想主义者的失败。很可惜的是,他的真实面目一直被"篡汉者"的形象所遮掩,而从未被认真地讨论过。胡适、柏杨为他翻案,也都是站在意识形态的角度——肯定其善良或者说天真的改革动机,却没有回答失败的原因。

如果我们将王莽变法与之前的汉武帝变法相对比,便可以得出如下的技术性差异——

在经济改革与政治改革的关系上,两场改革都以加强中央集权为目标,而经济集权的前提正是政治集权。武帝启动改革之时,"七国之乱"已然平息,削藩取得成功,在政治上,中央已形成不容对抗的集权能力。可是,王莽以外戚身份取汉而代之,政权的合法性问题并没有得到解决,因此,激进的经济改革势必遭遇重大阻力。

在改革与民心的关系上,从四大利益集团的权益博弈来看,中央集权改革将侵蚀地方政权和有产阶层的利益,所以改革成功的前提是,务必获得底层民众的支持,也就是必须"把人民发动起来"。一般而言,集权者用以鼓噪民心的理由大抵有四个:抵御外国侵略、防止地方割据、反贪反腐、反对贫富不均。汉武帝搞改革的口号是保家卫国,汉王朝对匈奴的战争顺乎当时的民心,为改革争取到了强大的舆论支持。王莽在政权未稳、未取得社会共识之际,就匆匆变法,缺乏广泛的民意基础,而且他推行的众多改革措施——特别是币制改革从一开始就让基层民众受损。

在集权式改革与民间财富的关系上,任何集权式的经济改革从本质上来说都不是为了促进生产力,而是通过财富的重新分配,使中央政府获得更多的经济权益。汉武帝变法建立在七十年"文景之治"的厚实基础之上,长期的休养生息为国营化政策留下了巨大的敛财空间,而且财富藏于民间商人之家,易于剥夺。王莽则没有这样的社会条件,西汉末期财经疲弱,天灾不断,而且,庞大财富握于官商一体的世族集团之手,搜刮的难度自然大增。

在改革与官僚执行能力的关系上,刘彻是一代雄主,心狠无情,手段霹雳,他在改革中有效地发挥了能臣以及酷吏的作用,在不同的阶段用不同的官吏,用之深宠,过之则弃,绝无拖沓。而他与桑弘羊的合作关系长达四十余年,如同一对政治伙伴。王莽用人多疑,好换将帅,没有一支忠心高效的执行团队。

一场大的社会变革如同空间重构,疏处应可跑马,密处必不容针,王莽变法缺乏系统思考和风险预警,鲁莽激进,漏洞百出,失败乃题中之义。

刘秀对世族开战的失败

王莽被杀后,刘秀称帝,建立东汉政权。刘秀是南阳的远裔刘姓宗族,他这一脉宗族正是王莽想要削弱的地方世族势力,跟随刘秀创建东汉政权的"云台二十八将",大多是豪强世族,战争时期,地方势力乘机广占田园,营建坞堡,拥兵自重。

刘秀披上帝袍之后,马上转换角色,仍然要削弱世族势力。政策的动刀之处,还是土地兼并和人口兼并。

东汉政权延续了西汉的名田制度和户籍制度。《资治通鉴》中多处提及,朝廷下令"吏民不得田宅踰制"、"商者不农"等,刘秀也数次下诏释放奴婢,可是成效却非常微小。到了公元 39 年,在执政十五年之后,刘秀终于痛下决心,下达了著名的"度田令",要求全国严格检核垦田顷亩和清查户田,以彻底杜绝兼并之势。可是,"度田令"在朝野上下遭到了强烈的反对,刘秀为了杀一儆百,处死带头闹事的大司徒欧阳歙,其弟子千余人集体上书求情,刘秀不准。为了对抗,各地豪强纷纷武装暴乱,刘秀四处弹压,恩威并施,总算把叛乱平息了下来,可是,豪强势力实在太大,顽疾始终不能彻底根除。到了后来,刘秀一声叹息,只好与之妥协,他留下了八个字,曰"苟非其时,不如息人",也就是自认时机不到,不如息事宁人。

中国自从形成大一统的帝国模式之后,历朝新建,首要任务必是"削藩","削藩"成功,中央集权可得,"削藩"不成,中央与地方、政府与财阀的权力和利益之争必永无宁日。东汉初建,豪强除而不尽,光武帝就学不成汉武帝了。

东汉一朝再没有出现强权皇帝,世族力量非但没有削弱,反而日渐增强,史家唐长孺认为:"州郡僚佐中所谓大吏右职照例由本地大姓垄断。大姓冠族每郡只此数姓,所以州郡大吏就带有世袭性。……我们认为东汉时期的地方政权在一定程度上是由当地大姓、冠族控制的。"①在庄园经济之下,自由的民间工商业者显然并不能得到充分的发展。各地方豪强一方面握有行政权力,另一方面又利用各种专营政策,形成了无与竞争的世族经济。

世族经济归根到底是权贵经济,由权牟利,是最快捷的致富途径,因此,在这种社会形态之下,"导致中国历史上前所罕见的官商勾结与官僚资本"。② 而整个社会的公共资源及财富聚集在少数家族的手中,又会造成严重的贫富悬殊和社会不公。

在这个意义上,由东汉至魏晋南北朝的数百年,历史的事实证明,缺乏集权的地方分裂或自治模式,同样找不到与之相匹配的、能够促进社会进步及物质文明发展的经济制度。与中央集权相比,分权自治所可能——或者说必然带来的战争等暴力威胁,给人民带来了更多的痛苦。在这样的逻辑下,中国的国家治理深深地陷入集权与分权的两难境地。

---

① 唐长孺:《魏晋南北朝隋唐史三论》,武汉大学出版社 1992 年版,第 43 页。
② 侯家驹:《中国经济史》,新星出版社 2008 年版,第 260 页。

"桃花源记"的经济学诠释

公元 184 年,河北爆发黄巾军起义,继而引发公元 189 年的"董卓之乱",从这一时间开始,到公元 589 年的整整四百年,是中国历史上最长的混乱和分裂时期,是为三国、魏晋南北朝。

这数百年间,出现了两大极致景象,一是国民思想的大解放,二是工商经济的大倒退。

中国历史上有过三次思想大解放时期,一是春秋战国,二是魏晋南北朝,三是 20 世纪初的民国初期,其共同的特征是,全数出现在中央集权瓦解或丧失的时期。在魏晋南北朝,思想禁锢被打开,各民族互相交融,呈现奇葩争艳的绚烂景象,出现了难以计数的军事家、绘画家、文学家、宗教家。

与思想解放同时发生的是经济的惊人大倒退。自战国之后,自给自足的自然经济日渐让位于商品经济,到了西汉,商贸越来越发达,职业分工趋于专业。然而东汉末年以降,一切工商秩序被践踏破坏,主要表现有三:一是货币无法正常发行。董卓之后"钱货不行",老百姓以谷物和布帛为货币,市场机能严重退化。二是地方割据,坞堡林立,全国性的统一大市场遭到破坏。据邹纪万在《魏晋南北朝史》一书中的统计,永嘉之乱后,坞堡组织发展至高峰,譬如魏郡、汲郡、顿丘有五十余,冀州有百余,雁门、太原等地有三百余,关中地区最多,有三千余,各地豪强纷纷结坞自保。[①] 三是城市文明屡兴屡毁。以洛阳为例,三百多年间六兴六毁,繁荣转眼成空,与洛阳齐名的长安至少遭过四次大劫,而南方的建康(今江苏省南京)则三次被夷为平地。

更为惊心的是人口的锐减。东汉末期的公元 157 年,全国已有人口 7200

---

① 邹纪万:《魏晋南北朝史》,长桥出版社 1979 年版,第 116 页。

万，到公元 265 年司马炎建立晋朝时竟锐减至 2400 万，只剩下三分之一。到公元 300 年，人口好不容易恢复到 3380 万，可是"八王之乱"爆发后，人口死亡过半，西晋南迁时，汉族人口甚至已不到 1500 万。翻开这段史书，到处是残酷杀伐、屠城流血、阴谋政变。

长期的分裂战乱，在中华民族的国民记忆中烙下了深刻的印记，从而根植下两个传统价值观：其一，"宁做太平狗，不做乱世人"，在政治上，呼唤大一统的独裁和集权统治；其二，在经济上，向往避世无争的小农社会。这是两个看上去似有矛盾的诉求，最终却在明清两朝得以"完美"实现。

东晋文人陶渊明曾写《桃花源记》，讲一个武陵渔民误入桃花源，此地与外世完全隔绝，阡陌交错，鸡犬相闻，居民甚至"不知有汉，无论魏晋"。渔民告知外部世界发生的战乱，"皆叹惋"。这篇散文写得十分优美，被列入后代的每一种教科书中，几乎人人读过，并以之为最理想的社会形态。

不过，如果从经济学的角度来诠释，结论却大有不同：桃花源村小民寡，是一个没有工商产业的农耕社会，物质条件非常贫瘠，而且，与外界没有任何的交通、资讯以及商品流通往来，因而，经济和文化发展彻底停滞。陶渊明没有记载桃花源中是否有盐井，如果没有，则必须求诸外世，否则从生活饮食上无法解释。因此，对桃花源的向往，实质上是一种心理上的"返祖"现象，若国民经济退回到桃花源的状态，则无疑是一次难以置信的反动，是对社会进步的一种消极放弃。

然而，对桃花源式的、封闭自足的自然经济的向往，在魏晋时期成为一种主流意识并影响深远。比陶渊明晚一百多年的北朝儒生颜之推写过一部流传甚广的《颜氏家训》，在治家篇中，他教育子孙们说："生民之本，要当稼穑而食，桑麻以衣。蔬果之畜，园场之所产；鸡豚之善，埘圈之所生。爰及栋宇器械，樵苏脂烛，莫非种殖之物也。至能守其业者，闭门而为生之具以足，但家无盐井耳。"也就是说："人民生活的根本就是自己栽种庄稼以收获食物，亲手种桑织麻，所有的生活用品，从一只鸡到一头猪，从一把锄头到一根蜡烛，都是能自给自足的，所求于外部世界的，只有盐而已。"自宋明之后，《颜氏家训》成为很多家族家训的蓝本。若从国史而论，从道家《道德经》的"邻国相望，鸡犬之声相闻，民至老死，不相往来"，到儒家孔孟对井田制的痴迷，乃至陶渊明的《桃花源记》、朱元璋对男耕女织的刻意追求，最近溯及毛泽东的"免费吃饭"的人民公社，一路延溯，可见小农经济在国民中的吸引力。

第五讲

世民治国：最盛的王朝与最小的政府

　　法国年鉴派历史学家布罗代尔提出过"世界时间"的概念。按他的观点，人类文明的进步并不均衡地发生在地球的每一个地方，相反，它只出现在少数的两到三个地方，这些地方所呈现的景象代表了那个时期人类文明的最高水平，在一张简化了的世界地图上，很多地点是无声无息的空白，它们完全地处在轰轰烈烈的历史之外。每一个国家的国民都应该警惕地寻找自己的方位，去判断自己到底是身处"世界时间"之中，还是置身事外，是与"世界时间"同步前行，还是被远远地抛弃在外面。[1]

　　若将两千多年的中国历史放置于世界文明史中，我们或可以发现，两汉时期，"世界时间"确乎是在西方的罗马城和东方的西安、洛阳。公元6世纪之后，中国独享"世界时间"长达一千年之久。从13世纪开始，西方的进步声浪越来越响，到18世纪，"世界时间"的钟摆彻底离开了中国。直至我写作本书的2013年前后，中国与美国并称为G2[2]，"世界时间"重新回来。

---

　　① 费尔南·布罗代尔：《15至18世纪的物质文明、经济和资本主义》第三卷《世界的时间》，施康强、顾良译，生活·读书·新知三联书店2002年版，"前言"第2—3页。
　　② G2：Group 2，由美国经济学家费雷德·伯格斯坦于2008年提出，即由美国与中国组成一个"集团"（Group），以替代已有的G8（"八国集团"），携手合作解决世界经济问题。美国经济史学家尼尔·弗格森进而创造了一个新名词："中美国"（Chimerica）。

在千年鼎盛时期,唐朝无疑是其中最显赫的一个阶段。中国于公元 589 年重新统一,杨坚在长安建立隋朝。29 年后,李渊代隋,创建唐朝。后人好以一字定义历朝,譬如暴秦、强汉、弱宋,唐朝是唯一被冠之以"盛"的。唐朝前后 290 余年,治国者在军政及经济政策上的创新颇有让人耳目一新之处。

科举制以及世族势力的式微

唐朝在四大制度建设上的最大贡献是推行科举制。

科举始创于隋,奠型于唐。政府通过定期考试来选拔官吏,考试的内容是研习儒家经典——有人计算过,它们的总字数在 90 万字左右。这种定期考试从公元 605 年(隋大业元年)开始实行,到 1905 年(清光绪三十一年)为止,整整实行了 1300 年,由于采用分科取士的办法,所以叫做科举。科举制是对军爵制的演进,从此,文武二士都拥有了公平地进入体制内的通道,不再成为反对的力量。早在唐代,就有人发现了其中的奥秘,赵嘏曾赋诗曰:"太宗皇帝真长策,赚得英雄尽白头。"科举制度造成知识阶层对国家权力的绝对依赖,在这个由"规定动作"组成的考试行动中,知识分子首先丧失了独立存在的可能性,进而放弃了独立思考的能力,也就是从这一制度确立之日起,曾独立存在的知识分子阶层在中国历史上完全地消失了。

社会精英中的第三个集团——商人阶层,则仍然被排斥在外。唐朝开国皇帝李渊规定"工商杂类不预士伍",紧闭商贾从政之门。其子唐太宗李世民也主张将商人排斥在主流社会,特别是政治圈之外。他曾嘱咐重臣房玄龄:"朝廷的各种官位,都是为贤人准备的,那些工商杂流,即便人才出众,也只可以让他们多多发财,一定不能授以官职,使得他们能够与贤人君子并肩而立,同席而食。"①这段话在后世非常出名,被历代治国者奉为圭臬,视为一项毋庸置疑的基本国策。此外,唐太宗还在服饰上对各种身份的国民进行区别,五品以上的官员可以穿紫袍,六品以下的穿绯绿的官服,胥吏的衣服是青色的,一般百姓穿白色的,军士穿黄色的,而商贾则必须穿黑色的。②

在政治经济史的意义上,科举制是对世族模式的一次彻底"反动"。过去数百年间,世族模式和庄园经济困扰着历代治国者,几乎鲜有改造成功者,王莽改制,十年而亡,刘秀"度田",不了了之,东汉政权的羸弱以及魏晋南北朝的纷乱,莫不与此有关。直到科举制出现,才从制度上切断了世族繁衍的根源。

唐太宗对世族力量的打击可谓不留情面。有一次,礼部修编《氏族志》,以传统的世家大族崔家为第一等,太宗大为光火,他说:"我跟山东的崔家、卢家也没有什么旧嫌,可是他们已经世代衰微,没有出过什么了不起的大人物了。我现在定氏族,是要推崇我大唐的冠冕人物,怎么能以崔家为第一等!"于是,他亲笔朱批,提出"不须论数世以前,止取今日官爵高下作等级",在他的干预下,天下姓氏合二百九十三个,共分九等,崔家降为第三等。吕思勉在《隋唐五代史》中评论道:"尽管太宗这种公开羞辱的做法有点牵强,不过其宗旨正在于打击世族势力,否定血缘阶级。"③

正是在制度和公众观念的双重催动下,世族门阀的力量逐渐蜕化,中国社会自此完成了从世族形态到士绅形态的转型。所谓的"富贵不过三代",确实是唐宋之后的景象,乃对平民社会的一种另类描述。

---

① 《旧唐书·曹确传》:"朕设此官员,以待贤士。工商杂色之流,假令术逾侪类,止可厚给财物,必不可超授官秩,与朝贤君子比肩而立,同坐而食。"

② 《旧唐书·舆服志》:"贵贱异等,杂用五色。五品已上,通著紫袍,六品已下,兼用绯绿。胥吏以青,庶人以白,屠商以皂,士卒以黄。"

③ 吕思勉:《隋唐五代史》,上海古籍出版社1984年版,第787—788页。

李世民解决吏政、兵政之患

现代西方经济学倡导"小政府，大社会"，唐朝似乎是一个古代版本。

李渊开国之后，把一切山泽税、盐税统统废罢，之前由国家专营的盐、铁、酒等产业全数放纵民众自主经营。在农业税方面，唐代的税收是取五十分之一，远低于西汉的三十分之一，徭役则是每年二十天，也比前朝要少。公元 626 年，李世民即位后，当月就颁布诏令，把潼关以东的关卡全部停废，以让货物自由流通。[①] 有唐一代，还停止了商税的课征。中国古代商品经济最为发达的唐宋两朝对商品交易的征税一直非常少，唐朝全免，宋朝征收过税和住税两种，税率分别为 2% 和 3%，这一方面造成商品流通的空前繁荣，培养了国民的贸易精神，另一方面使得政府收入完全依赖于农业税和专营收入。

中国很多朝代在开国之初，实行的都是轻徭薄赋、休养生息的政策，可是随着时日推衍，各种赋税便叠床累架地增加起来，人们归之于统治者的贪婪或挥霍。其实，根本原因是行政成本的增加，最刚性者，一为养官成本，二为养兵成本，是为"吏政之患"和"兵政之患"。唐朝的宽松政策持续了 120 余年，与李世民在这两项的制度创新有关。

唐朝的中央政府实行六部制，比汉朝的十三曹整整少了七个部门，是一次很大的部门精简。李世民用官非常之少，贞观年间，中央机构中的文武官员最少时只有 643 人，全国仅 7000 余人，这应该是历朝人数最少的政府了。据明末学者朱国桢的统计，有唐一代需财政负担的官员总数最多时约为 1.8 万人。

---

① 《册府元龟》卷五百零五："唐太宗武德九年八月甲子即位。是月壬申，诏曰：……通财鬻货，生民常业。关梁之设，襟要斯在。义止惩奸，无取苛暴。近代拘刻，禁御滋章。……非所以绥安百姓……其潼关以东，缘河诸关，悉宜停废。其金银绫绢等杂物，依格不得出关者，不得须禁。"

　　唐朝的官员按官职高低都可以领到一块"职份田"，此外还有永业田，即便是八品或九品的小官，也有永业田二顷。此外，则可以领到一份年薪。即便是养那几百个官员，李世民竟还舍不得由财政出钱，他想想了一个非常古怪的"公廨钱制度"，就是对富豪家庭定向征收一笔"特别财产税"，以此养官。

　　早在高祖李渊时期，朝廷就对天下的富商进行了一次资产清查，按资产多少定为三等——后来改成九等，并规定"每岁一造册，三年一造籍"。在把人数基本摸清楚的前提下，到了公元637年（贞观十一年），唐太宗下达诏书，容许长安七十多所衙门，每所可选"身能估贩、家足资财"的商人九名，号称"捉钱令史"，每人贷予"公廨钱"5万钱，用于商业活动，每月纳利息4千钱，一年4.8万钱，以单利计算，年利率约为百分之一百。这一政策，相当于让长安城里最有钱的七百个富豪家庭，每年缴纳一笔数目不菲的"特别税"。很可能的情况是，政府贷出的"公廨钱"仅仅是名义上的，而缴纳的利息则是真金白银。这一政策很快在全国各州普遍实行。为了鼓励商人接受公廨钱制度，唐太宗在全国特别设立了七千个基层官员岗位（"防阁"），只要纳满一年，家庭就可以派出一人当官，不过任期只有两年，之后由其他纳税的"上户"取代。

　　公廨钱制度在唐代执行了很久，玄宗初年，年利率降低到70%，继而再降到60%、50%，每笔强迫贷款金额也有降低，被选中的商人所获权益，早期是当官吏，后来则改为免除徭役。唐太宗发明的这个制度，在后世的学界引起过很大的争议。褒之者认为，这一制度虽然"粗糙"却很直接，政府养活了官员又巧妙地避免了广征税赋。贬之者则认为，这是对富有家庭的一次强制性的制度盘剥，它虽然比汉武帝的算缗令温和一些，不过本质却是一致的，另外，百分之一百的高利率亦是对全国金融市场的破坏，富户很可能以类似利率放贷给一般平民，从而导致全社会资金流通成本的抬高，当时就有人批评说，其结果是"富户既免其徭，贫户则受其弊"。不管怎样，唐太宗想出的"公廨钱"的办法确实起到了高薪养廉的作用，唐初吏治为历代最好。

　　在军费开支上，李世民的支出也很少，唐朝实行的制度是"兵在藩镇"，即由地方财政支出养驻军。李世民任用将帅执行了"三不原则",即"不久任、不遥领、不兼统",以防止他们拥兵坐大。

由此可见,李世民算得上是史上最精明的治国者之一,他让富人出钱养官,让地方出钱养兵,中央政府的财政支出就变得很少,"小政府"因此而生。

关于专营政策的反复与争议

从公元 618 年开国到 742 年(唐玄宗天宝年间),唐政权对工商业的宽松政策衍续百余年,其中也颇多反复与争议。

《新唐书》记载一事:公元 703 年,当时执政的是中国唯一的女皇帝武则天,有关部门要求重新课征关市之税。一位叫崔融的大臣当即上书制止,洋洋洒洒地提出了"六不可",其核心意思是,若征了关税,必然增加民间负担,阻碍商品交易,最终会造成社会动荡,政府得不偿失。武则天采纳其意,打消了课征的念头。

对于盐铁之利的争论则更大。

白寿彝在《说秦汉到明末官手工业和封建制度的关系》一文中细述了南北朝到唐中期前的制度衍变:在北魏初期,河东郡的盐池原归官府所有,以收税利,后来罢止,很快被一些富豪之家所拥有;孝文帝延兴年间(471—476 年),朝廷复立监司,再收税利;到了宣武帝时期(499—515 年),再次解禁;神龟年间(518—520 年)又归国有,"其后,更罢更立",数次反复。隋文帝立国,宣布罢禁之令,唐朝则衍续隋制,达一百多年之久。[1]

到了唐玄宗开元元年(713 年),大臣刘彤上《论盐铁表》,重新拾起专营之

----

[1]　白寿彝、王毓铨:《说秦汉到明末官手工业和封建制度的关系》,《历史研究》1954 年第 5 期。

议。在他看来，把山海之利放于民间，只会造成更大的贫富差距，所以应该收归国有，以达到"均贫富"的目的，这才是真正的帝王之道。[1] 跟历代所有主张国营化政策的人士一样，刘彤的立论之本是"夺富济贫"，而实质还是增加国家财政收入。玄宗令朝臣讨论刘彤之议，大家都觉得"盐铁之利甚益国用"，于是设立机构，"检校海内盐铁之课"，不过这一专营政策只执行了十年左右，到开元十年，玄宗下令，除了蒲州盐池之外，其余盐铁产地"无须巡检"，再度放还民间。

城市经济的空前繁荣

钱穆尝言，中国经济的重心一直安放在乡村，并不安放在都市。[2] 此论只合适明清，从西汉至宋元，中国经济的重心一直安放在城市，其中尤以唐宋最为强盛。

东西方在两千多年的城市发展上走了两条完全不同的道路，这也是比较研究中一个非常独特的视角。欧洲在古希腊和西罗马时期是城邦制，城市化率很高，在日耳曼人入侵后，大小城市遭到严重破坏，庄园制度成主流，城市化率持续下滑，到 14 世纪中叶以前，西欧有四个"巨型城市"，佛罗伦萨、米兰、威尼斯和热那亚，但没有一个城市的人口超过 10 万人。欧洲城市化率的重新提高，则与工业革命有关。而中国，从西周到宋元，一直处在城市化水平不断提高的状态中。根据赵冈的研究，战国时的城市化率就达到了 15.9%，西汉时为 17.5%，唐时为 20.8%，这一数据已与 20 世纪 70 年代末的中国相当。中华早期文明的发达与人口大量聚集于城市有关。到了唐朝，城市管理的水平又有了很大的提高。[3]

---

① 《论盐铁表》："若能收山海厚利，夺丰余之人，蠲调敛重徭，免穷苦之子，所谓损有余而益不足。帝王之道，可不谓然乎。"
② 钱穆：《中国历代政治得失》，生活·读书·新知三联书店 2001 版，第 65 页。
③ 赵冈：《中国城市发展史论集》，新星出版社 2006 年版，第 89—90、84 页。

中国历代城市化率列表

战国(公元前 4 世纪)	15.9％
西汉(公元 2 世纪)	17.5％
唐(745 年)	20.8％
南宋(1200 年左右)	22.0％
清(1820 年)	6.9％
清(1893 年)	7.7％
民国(1949 年)	10.6％
1957 年	15.4％
1978 年	18％
2011 年	50.5％

（赵冈制表，吴晓波增补）

西汉时，首都长安的人口约为 25 万人，到了唐朝，常住居民 62.6 万人，如果加上驻军、僧尼以及往来客商，其人口总数很可能已经超过 100 万，其旧址面积约 80 多平方公里，大于明清时的北京城，是当时世界上的最大城市（到清末，西安人口只有 11 万）。[1] 岑仲勉在《隋唐史》中赞曰："全城坊市，棋罗星布，街衢宽直，制度弘伟，自古帝京，曾未有之。"从流传至今的图册可见，宫城在北面，皇城在南面，全城南北中轴线两侧东西对称。东半部设万年县，有东市，西半部设长安县，有西市。

《唐律》规定，所有的商品交易都必须在政府划定的"令市"中进行，县城之下不得有"草市"。这一方面便于管理，另一方面也促进了大中城市在商品交易中的聚集作用。长安城的商业交易中心为东西两市——后世的"东西"一词由此而来。东西两市的四面各开两门，各有两条东西街、两条南北街，构成"井"字形街道，把市场分为九个方块。每方的四面都临街，店铺就设在各方的四围，同

---

[1]　赵冈：《中国城市发展史论集》，新星出版社 2006 年版，第 101—106 页。

行业的店铺,集中在一个区域里,称之为行。东市有二百二十行,西市更加繁荣,除了店铺,还有平准局、衣肆、典当行等。

政府对两市的交易活动进行严格的管制:遵循"日中而聚,日落而散"的古训,中午时分,催鼓而聚,一到黄昏,击钲(一种与钟形似的铜制乐器,可执柄敲击)而散;商贾带进两市的所有物品,都先要经过市场管理机构(市司)的评定,分为上、中、下三等,规定价格,然后方可出售。① 政府还特别对店铺租金进行了规定,唐玄宗曾特别下令限定月租不得超过五百文。② 从这些规定中可见,长安城里的商品交易,与其城市规划一样,完全在政府的控制、干预之下,是一种"有计划的商品经济"。

以长安为起点,朝廷修筑了七条驿道,通往帝国的各个城乡,沿途每 15 公里设立一个驿站,全国共有 1639 处之多。这些驿站均在交通要道,有长期性的建筑及常驻的管理人员,在一片旷野之中,成了最好的地理标志,于是,它们很自然地成为当地交易的最好场所。

首都长安还是国际贸易的中心。公元 640 年,唐军攻灭西域的高昌国(今新疆吐鲁番地区),重新打通了"丝绸之路",从此,由长安向西,可自由横穿整个欧亚大陆,直驱地中海东岸的安都奥克,全长约 7100 公里。正是通过这条漫长的贸易走廊,东西方文明进行了一次大沟通,中国的丝绸、瓷器源源不断地贩销到欧洲市场。当时,罗马城里的多斯克斯地区有专售中国丝绸的市场,其价值约与黄金等重,造纸术也在这一时期传入中东地区。而西方的动植物和新技术也传入中土。《唐六典》记载,唐王朝与 300 多个国家和地区发生过交往,每年都有大批外国客人来到长安。唐王朝设有专门机构(鸿胪寺、礼宾院)负责接待外宾。西方的安息(波斯)、大秦(罗马)、大食(阿拉伯帝国)等大小国家不断派遣使者前来长安,很多波斯人世代留居长安,他们大多住在西市,几乎垄断了珠

---

① 《唐六典》卷二十:"凡建标立候,陈肆辨物,以二物平卖,以三贾均市。"

② 《全唐文》卷三十二,玄宗诏书:"自今已后,其所赁店铺,每间月估不得过五百文。"

宝行业,长安城里有专门的波斯邸(专供波斯人居住或存放货物之处)、波斯酒店等。

除了长安,其他城市的工商景象同样十分繁荣。东都洛阳的城市规模仅次于长安,人口也超过了 50 万。在南方,最繁华的城市是扬州、成都、苏州和杭州,长江中游则是益州(今四川成都),时称"扬一益二"。杜甫有诗说"城中十万户",益州市井之盛仅次于扬州。

盛唐气象就是这样被营造出来的。前所未见的轻税简政,促进了工商业和地方经济的繁荣,国家的统一更为商品流通提供了广阔的市场空间。商人在国境之内经商,数十里便有酒肆客栈,每个店铺均备有代足的驴子,行走千里而不需持寸铁自卫,这当然是空前的太平盛世。

刘晏变法:专营制度的归来

公元 755 年,镇守北方的安禄山和史思明发动叛乱,一手终结盛唐,史称"安史之乱"。

从制度的层面来分析,此乱的发生正是分权过度的结果。唐玄宗在位期间,十余年不换将官,而且各路节度使尽用胡人,安禄山兼统三道节度使,拥有天下三分之一的兵权,致使其胸怀异志。更可怕的是,节度使除了领兵之外,还兼理民政与财政,俨然一方诸侯。从经济上看,一百多年以来人口增长迅猛,土地兼并景象重现,中央政权的轻赋简政造就民间繁荣,却也暴露出大一统体制的不足之处——因管制乏力而导致"干弱枝强"。这一景象竟又是"文景之治"晚期的翻版。

"安史之乱"给国家带来了毁灭性的灾难,"数百里州县,皆为废墟","数年间,天下户口什亡八九"。① 叛乱被平息后,盛唐精气已被消耗殆尽。司马光在《资治通鉴》中描述当时的景象是:"地方割据势力陡然坐大,中央财政收入锐减,边境之外的少数民族频频挑起战端,朝廷无力支付军备消耗,只好把压力都留给地方,一切都变得捉襟见肘。"②对于大一统的帝国来说,再没有比这更糟糕的情况了。

正是在这样的背景下,中唐之后,各项专营政策重新一一出台。

"安史之乱"时期,朝廷急着用钱,想出来的第一个办法就是仿效汉武帝的"算缗令",向富商征收财产税。肃宗登基后,即派人到财富聚集的江淮、蜀汉地区向富商大族按资产征税,"十分收二",也就是 20% 的税率,称为"率贷",各道节度使、观察使也多向商人征税以充军用,或在交通要道及交易之处计钱收税,从此"商旅无利,多失业矣",盛唐以来"天下关隘无一征税"、"行千里不持尺兵"的景象不复出现。

除了这种极端做法之外,恢复国有专营政策是另一个便捷的方式。公元 758 年(唐肃宗乾元元年),朝廷重新设立了盐铁铸钱使这一职务,对全国盐业进行专营管制——"尽榷天下盐"。

专营的制度发生过改变。初期,政策与汉武帝时期的办法基本相同,政府在产盐区设置盐院,规定民间的产盐户("亭户")所产食盐一律卖予盐院,否则以盗卖罪论。其令一出,盐价顿时上涨十倍,盐价腾涨又造成粮食价格上扬,民间出现民众饿死的现象。③ 后来,主管全国财政的刘晏对其进行了部分修正。首先,他把统购统销政策改为"民产—官收—商销",这个办法大大减少了盐政机构的人员和行政成本。其次,他在全国十三个重要产盐区设立巡院,一方面

---

① 《唐会要》卷八十四:"(天宝)十三载,计户九百六万九千一百五十四。……乾元三年,计户一百九十三万一千一百四十五。"

② 《资治通鉴》卷第二百二十六:"州县多为藩镇所据,贡赋不入,朝廷府库耗竭,中国多故,戎狄每岁犯边,所在宿重兵,仰给县官,所费不赀。"

③ 《旧唐书·第五琦传》:"谷价腾贵,饿殣死亡,枕藉道路。"

打击私盐,另一方面则保护获得政策牌照的盐商的利益。其三,他制定了"常平盐"制度,以保证非产盐地区的盐价和食盐供应,防止投机商人囤盐牟利。与之前的政策相比,刘晏的盐法是一个效率更高、更注重利益分配的官商合营模式。这些措施果然立竿见影,食盐专卖收入逐年增加,十多年增长了十五倍,以至于占到了全国财政收入的一半。① 这也是财政史上,盐税占国库收入最大比重的时期之一。

刘晏是一位桑弘羊式的理财大师,他前后主管天下财政长达二十多年,是有唐一代任职时间最长的财政长官。除了官营盐业,刘晏还对全国的重要商品产销进行管制,把桑弘羊的平准、均输制度重新搬了出来。他在各地建立常平仓,相当于仓储和物流中心,设置了知院官,随时了解各种商品的价格动向,然后"贱增贵卖",以获其利。据《旧唐书·刘晏传》记载,"他全面掌握了商品的供销动向,政府获得了重大的利益,而市场波动则得到了平抑,这是真正高明的治理之术。"②中唐在"安史之乱"以后,没有陷入更大的乱境,与刘晏以果断的专营政策迅速改善了中央财政状况有很大关系,因此,史家对刘晏授予了一个桑弘羊式的评价:"敛不及民而用度足。"③

在财政状况稍有改善之后,中央政府试图"削藩"。公元781年,年壮气盛的德宗亲自在长安设宴犒劳征讨的兵马,打响了武力削藩的战役。各地节度使联合犯上对抗朝廷,中央军屡战不胜,甚至在两年后被攻破长安。德宗被迫出走,还下《罪己诏》,声明"朕实不君",赦免了那些叛乱的藩镇,承诺今后"一切待之如初"。从此,地方割据之势再无改观,中央对盐、铁、酒等资源的专营权被迫

---

① 《新唐书·食货志》:"晏之始至也,盐利岁才四十万缗,至大历末,六百余万缗。天下之赋,盐利居半。"

② 《旧唐书·刘晏传》:"故食货之重轻,尽权在掌握,朝廷获美利而天下无甚贵甚贱之忧,得其术矣。"

③ 《新唐书·刘晏传》:"刘晏因平准法,斡山海,排商贾,制万物低昂,常操天下赢赀,以佐军兴。虽拿兵数十年,敛不及民而用度足。唐中偾而振,晏有劳焉。"

让渡于地方，人财物三权尽失。据《新唐书·地理志》中的统计，中晚唐时期全国共分 15 道，计 316 州，唐皇室能够实际控制的只有六分之一左右。

当政治集权丧失之后，中央财政就变成了"讨饭财政"，最后沦落到靠卖官和地方诸侯贿赂才能维持的地步。《册府元龟·将帅部·贪黩》记载，当时有个叫李泳的长安商人发财之后贿赂中央，竟然当上河阳节度使，成了一方诸侯——"贿赂交通，遂至方镇"。《太平广记·郭使君》也记载，一个目不识丁的富豪靠行贿当上了横州刺史。①

所谓"向地方诸侯索贿"，就是"羡余制度"。"羡余"的意思是"地方政府收支相抵后的财政剩余"，其实就是在正常的财政上缴之外，节度使们对皇帝的特别进贡。《新唐书·食货志》记载，各路节度使，或新列税捐，或截取户部钱财，把所得的五分之一或十分之三进献给皇帝个人，美其名曰"羡余"，其实就是公开行贿。宋代学者欧阳修对此评论说："连天子都要干受贿的事情，那么，老百姓就更加不堪了。"②

有唐一代，终于没有能够解决军阀割据的问题。唐亡以后是五代十国，五十多年里冒出来十多个国家，中原逐鹿，天下愁苦。

民间工商资本的五条出路

到了中唐之后，经济治理重现了两个周期性的大毛病：第一是土地的需求非常之大，土地兼并不可遏制，成为贫富差距拉大的"变压器"；第二是中央乃至地方财政对资源管制的依赖度越来越高，终而造成对民间资本的压抑和剥夺，

---

① 《太平广记·郭使君》："是时唐季，朝政多邪。生乃输数百万于鬻爵者门，以白丁易得横州刺史。"

② 《新五代史·郭廷鲁传》："盖自天子皆以贿赂为事矣，则为其民者其何以堪之哉！"

经济活力渐趋衰竭。两者相加，如果再遇上饥荒洪涝，就会引发财政总破产前提下的社会大动荡。

相对于国营资本和官僚资本的强势霸道，民间资本的流动也出现了日渐恶化的趋势。刘玉峰在《唐代工商业形态论稿》中具体陈述了中唐之后民间工商资本的五条出路：

其一，奢侈消费。 挥霍于衣食住行等日常生活，许多富商大贾衣必文采，食必粱肉，奢靡无度，表现出穷奢极侈的突出特点。晚唐时期，许多商人"恣其乘骑，雕鞍银镫，装饰焕烂，从以童骑，聘以康庄"。

其二，交通权贵。 以钱铺路，钻营为官。许多富商大贾"高赀比封君，奇货通幸卿"，积极谋取政治利益。元稹在长诗《估客乐》中描述富商大贾们竭力经营官场："经游天下遍，却到长安城。城中东西市，闻客次第迎。迎客兼说客，多财为势倾。客心本明黠，闻语心已惊。先问十常侍，次求百公卿。侯家与主第，点缀无不精。归来始安坐，富与王者勃。"到唐末懿宗时，用钱买官已是司空见惯。

其三，购买土地。 与汉代相似，靠工商致富的唐代富商大贾将大量资金用于购买土地，进行土地积聚，仍走着"以末汇财，用本守之"的传统路子。代宗年间，大臣李翱在一道策问中说，在三十年里，天下田亩被豪商兼并了三分之一。到懿宗朝，已是"富者有连阡之田，贫者无立锥之地"。土地兼并愈演愈烈，使得社会财富的分配极端不平衡。

其四，放高利贷。 从唐太宗搞"公廨钱"之后，政府参与高利贷活动，私营高利贷也一直十分猖獗，富商大贾与贵族官僚纷纷以此谋求暴利，晚唐之后趋于剧烈。武宗在一则赦诏中指出，"如闻朝列衣冠，或代承华胄，或在清途，私置质库楼店，与人争利"。懿宗在即位赦文中也指出，"京城内富饶之徒，不守公法，厚利放债，损陷饥贫"。

其五，囤积钱币。 "安史之乱"后，富人的财富安全感越来越差，于是将大量钱币财富贮藏起来，造成社会货币流通的严重不足，朝廷多次下达"禁蓄钱令"，却成效不大。德宗时的陆贽就算过一笔账：过去一匹绢，可以换铜钱 3200 文，而现在一匹只能换 1600 文，绢贬值了一倍，这不是因为税赋增加了，而是因为铜钱被囤积了起来。[1] 这种"钱重物轻"的现象，妨碍了商品经济的顺利发展。[2]

从刘玉峰列出的上述五条出路可见，工商业利润基本上没有向产业资本转化，不存在积累放大的社会机制，而是进入了消费市场、土地和高利贷领域，其影响当然是负面的。若我们放眼于整部经济史，甚至可以看到，中晚唐民间资本的这五条出路几乎是高压下的民间资本的共同出路。因此，若在某一时期，出现奢侈品消费剧增、文物价格上涨以及土地房产购买热潮，并不代表经济的复苏，而更可能是资本从实业溢出的恶兆。

---

① 《陆宣公集》："往者纳绢一匹，当钱三千二三百文，今者纳绢一匹，当钱一千五六百文，往输其一者，今过于二矣。虽官非增赋，而私已倍输。"

② 刘玉峰：《唐代工商业形态论稿》，齐鲁书社 2002 年版，第 259—270 页。

王安石变法：最后的整体配套改革

在经济史,乃至整部国史上,王安石变法都是一个转折点,在变法之前是一个中国,变法以后是另外一个中国。这场变法持续到第 57 年,北宋就灭亡了。变法之前的中国,是一个充满自信的国家,是一个开放的国家,是一个敢于攻击别人的国家。变法以后的中国,就变成了一个谨小慎微的国家,一个更愿意闭关锁国的国家,甚至国民性都发生了很大的变化。

我们需将这场变法与宋政权的很多制度联系起来思考。这个朝代有 300 年长,比之前的唐以及之后的明清都要久。但是在史界,对它的评价十分两极化,有的人认为这个朝代是最没有用的朝代,打仗从来打不过人家,天天偏安在那里苟安残喘,在制度建设上面也没什么成就。钱穆说:"汉唐宋明清五个朝代里,宋是最贫最弱的一环。专从政治制度上看来,也是最没有建树的一环。"①不过也有人从另外的角度给予评价,陈寅恪说:"华夏民族之文化,历数千载之演进,造极于赵宋之世。"②就是两千多年的中华文化,宋代是为巅峰时期。王国维的说法也跟他差不多。③

---

① 钱穆:《中国历代政治得失》,读书·生活·新知三联书店 2001 年版,第 74 页。

② 陈寅恪:《邓广铭宋史职官志考证序》,《金明馆丛稿二编》,读书·生活·新知三联书店 2001 年版,第 277 页。

③ 王国维:《宋代之金石学》。

　　李约瑟总结中国古代"四大发明",除了造纸术以外,其他三项都蒂熟于宋。宋代的工商业非常发达,经济和企业制度方面的创新也很多,中国最早的股份制公司出现在宋代,最早的一批职业经理人出现在宋代,最早的期货贸易出现在宋代,纸币的发行也出现在宋代。宋代的钢铁产量相当于 600 年后工业革命时期英国的钢铁产量。宋真宗时期,中国人口第一次超过了一个亿,成了全球最大的、以内需为主的统一市场。

"杯酒释兵权"的政策利弊

　　宋政权能长过唐,绵延三百年,与治国者的很多治理思想有关,其中值得一说的是"杯酒释兵权"。以唐太宗的雄才大略,解决了世族门阀问题,却留下军阀割据的隐患,宋太祖赵匡胤将这个难题从制度上刨除了。

　　赵匡胤的办法就是收缴军权,他借着一场酒席把兵权统统收缴到了中央,由"兵在藩镇"改为中央养兵。在中央与地方的集权—分权制度安排上,这是一个极大的创新。

　　历代政权一直在探索权力分配的方式,商鞅的郡县制度解决了人事权,中国就此告别了分封制,进入了一个中央集权时代。但是从秦汉、魏晋南北朝到唐,地方割据势力对中央的威胁从来没有消失过,唐朝最严重的是"安史之乱",此乱之后,中央就一直对割据无能为力。唐亡以后是五代十国,五十多年里冒出来十多个国家,群雄逐鹿,天下愁苦。到 960 年,赵匡胤终于用"杯酒释兵权"的办法解决了这个大难题。

　　此后,地方藩镇从此再没有力量挑战中央。有宋一代三百年,没有发生过一起地方政府造反的事件,明朝两百多年也没有发生过,清朝只在康熙年间有过吴三桂事件,但其发生不是出于制度性的原因。也就是说,从 960 年一直到 1860 年前后,将近有整整九百年的时间,中国再也没有发生地方挑战中央的事件。所以，四大制度的第一个制度从此被定型，这在政治上彻底保证了中央集权的稳定性。1860 年之后，藩镇势力再起，则与镇压太平天国有关，八旗、绿营等中央军乏力，湘军、淮军等地方武装迅速壮大，并有了厘金制度，地方有兵有钱，中央的麻烦就又来了。

然而，兵权收上来之后，旁生出另外一个大问题，那就是中央从此要养兵。宋朝养兵 140 万，是历代养兵最多的（清朝养了 80 万兵，其中八旗 20 万，绿营 60 万）。这 140 万兵，有 80 万禁军布防在首都汴梁（今河南开封）附近，《水浒传》里有一个"豹子头"林冲，他上梁山前是"八十万禁军教头"，这 80 万是个实数，不是虚数。在北方边境有 60 万厢军。这 140 万个精壮汉子，加上马匹粮草，基本上就把中央财政给吃了个大半。所以，朱熹就说："自本朝罢了藩镇，州郡之财已多归于上。……财用不足，皆起于养兵。十分、八分是养兵，其他用度，止在二分之中。"[1]即财政收入的百分之八十用在了军费开支上。

自宋至明清乃至民国，军费支出不堪重负一直是治国者最头痛的事情，是为"兵政之患"。在当代，"兵政之患"似乎不太严重了，可是公务员却越来越多，于是就有了"吏政之患"，这些都是大一统制度与生俱来的遗传病。

宽松与禁榷并举

正因为有了这样的政治制度安排，宋政权在经济制度上出现了戏剧化的两面性。

一方面，赵宋一朝对民间非常宽松，赵匡胤甚至是一个宽松到了没有原则的人。唐朝不允许在县以下建立集市，宋代第一次从政策上取消了这一限制，日后中国的集市模式是宋以后定型的。宋朝的工商税金很低，而且税种很清

---

① 语出《朱子语类·论兵》。

晰，在所有的城门，都贴有一张榜单，告诉百姓政府收什么税，税率是多少。宋代的大理学家程伊川曾总结"本朝超越古今者五事"：一是"百年无内乱"，也就是一百多年里没有发生地方造反的事情；二是"四圣百年"，开国之后的四位皇帝都比较开明；三是"受命之日，市不易肆"，改朝换代的时候兵不血刃，没有惊扰民间；四是"百年未尝诛杀大臣"，一百多年里没有诛杀过一位大臣；五是"至诚以待夷狄"，对周边蛮族采取怀柔政策。这五件事情或有夸张的地方，但离事实不远，特别是第一条和第四条最为难得，由此可见，宋代确实是别开生面。有宋一代能够长达三百年，跟它的温和执政大有干系，对内平和，对外也平和。

但同时，宋代的国有专营制度比汉代和唐代更为严酷，它专营的领域更广，惩罚的制度更严格。从现有资料看，宋代国有专营的种类之多，范围之广，资本金额之大，都是超越前代的，凡是主要商品，几乎全在国有专营之列，包括茶、盐、酒、醋、矾以及外贸所得的香药、象牙，等等。这些商品都有三个鲜明的共同特点——资源性、必需性和暴利性。政府对违法进入禁榷领域的民间资本采取了十分残酷的政策。赵匡胤一方面大幅度地减税轻赋，同时则发布法令，商人私自贩运矾超过一两、私自销售矾超过三斤者，处死；煮碱达到三斤者，处死；私自酿造酒曲达15斤者，处死；贩运私酒运进城达三斗者，处死；私自贩盐十斤者，处死。对于茶税，则规定每一贯钱都要上缴给中央——"茶利自一钱以上皆归京师"。

在控制了关键性产业之后，政府允许民间经营的商品包括针线、服装、肉食、儿童玩具等，这些商品也有三个鲜明的共同特点——经营分散、不易管制、利润微薄。也就是说，国有资本与民间资本在产业上形成"楚河汉界"的景象，国有企业集团聚集在少数上游产业，并逐渐形成了寡头垄断的地位，其数量在逐渐减少，但是赢利能力则迅猛增加。这种格局到宋代就完全地形成了，并作为一个传统，顽强地衍续到了今天。

正因如此，宋朝经济就出现了很奇特的现象：民间生产和贸易空前发达，但自由商人都活跃在产业的中游和下游，且财富规模都不大。写过《两宋财政史》

的汪圣铎曾遍查史籍，想要找出几位有名有姓的大商人，可是一位也找不到，能找到的几个人，要么是贪官，要么寥寥记录，要么有名无姓。

士绅经济的定型

宋政权在经济制度安排上，还有几个与前朝代不同的政策：一是公开允许官员经商，二是不抑制土地兼并，三是对垄断资源进行授权经营。

在历代开国皇帝中，唯一公开放纵乃至鼓励官员经商的，是宋太祖赵匡胤。他最重要的谋臣、号称"半部《论语》治天下"的宰相赵普，就靠经商大发其财，他在京师及主要城市广设邸店，有人多次告他的御状，赵匡胤总是一笑置之。[①] 对于官员经商，赵匡胤放得最宽的竟然是带军的将领，史书上说，宋太祖拉拢和控制各路高级将领的办法，就是让他们靠经商来发财。[②] 到南宋，那些带兵的将帅打仗不行，其经商规模之大及生活之豪奢，却超越前代。名将张俊私营海外贸易、开设酒肆及经营田地成一时巨富，每年收入的田租就达六十四万斛。另外一位名将刘光世更善理财，曾经动用八千士兵从事自己的贩运事业，还非常得意地自诩为"当代陶朱公"。

全汉升对宋代经济史有深厚研究，在《宋代官吏之私营商业》这篇论文中，他用大量史料证明，宋代官员利用国有专营制度，以公为名，行私之实，蔚然成风。他还总结出了官员经商的六个"特异的地方"，包括：以公款作资本，以公物作商品或商品原料，以官船贩运，利用公家的劳动力，借势贱买贵卖或加以垄断、逃税。这六点当然是古往今来所有权贵经济共同的"特异的地方"。[③]

---

① 《宋会要·职官》："普……广营邸店以规利，太祖知其事，每优容之。"
② 《任将》："太祖之置将也……富之以财……"
③ 全汉升：《中国经济史研究》，稻乡出版社 1990 年版，第 459—463 页。

据胡寄窗的考据,宋代是一个"不抑兼并"的王朝,对土地兼并采取了放纵的政策,因此,权贵家族——所谓"官品形势之家"——占据了天下一半的土地,一个郡县之中,五到六成的土地及财富集中在少数官宦家族手中。[①]

如果说官员经商是一次体制内的权贵狂欢,那么,政府对民间商人的"授权经营"则是官商经济的另外一翼。

在国有专营体制方面,历代进行了不同模式的试验。管仲的专营方案是控制资源(盐田和山林),允许民众生产,然后三七分利;桑弘羊则成立国营企业加以垄断经营;刘晏的做法是国家控制资源,以定向授权的方式向民间开放。到了宋代,则在牌照制度上又有了创新,在当时有两种模式,一曰"买扑",一曰"钞引"。

"买扑"类似后世的招标承包制,从字面上看,"买"即为买卖,"扑"即为竞争。政府拿出一块资源,向民间公开招标,价高者得之。招标办法有很多种,最普遍的是"实封投状法",也就是现在的暗标制。

"钞引"类似于后世的特许经营制,主要出现在暴利性的盐业,它是对刘晏盐政的进一步完善,简而言之,就是商人先向官府缴纳一定数量的钱物换取凭证——时称"交引"、"盐钞",拿凭证到指定机构支取食盐,再到指定地点销售。因为食盐是农业社会最重要的民生必需品,获得经营权的商人就如同得到了一笔财富,所以,"盐钞"成了一种硬通货——以盐为本位的"类货币",在当时就出现了以买卖"盐钞"为主的各类交易市场——专业商铺、交引铺和买钞场。后世把货币称为"钞票",始自于此。

"买扑"和"钞引"的诞生,是工商经济发展的一个制度性进步,它使得政府在获得垄断性利润的前提下,开放流通和开采领域,激活了市场的能量,宋代民间工商业的繁荣与此大有干系。

不过同时,它又是一种十分典型的官商经济,处在被授权地位的民间商人

---

① 胡寄窗:《中国经济思想史(下册)》,上海财经大学出版社1998年版,第3页。

集团彻底丧失了对重要产业的控制权，国有资本在关系到国计民生的支柱性产业中牢牢地掌握了资源权、定价权和分配权，姜锡东曾评价道：钞引制度之下的盐商很不自由，"宋朝官府仍然程度不同地介入和控制其批发、运输、销售诸环节"，从而使盐商的赢利活动和赢利比率大受限制。[①] 更为关键的是，这种定向授权的方式营造出了一个巨大的寻租空间，众多学者的研究表明，那些能够获得"买扑"和"钞引"的商人大多与官府权贵有千丝万缕的关系，有很多甚至就是官员的直系亲眷或属下，这就是所谓的权贵经济模式。

由以上叙述，我们可以得到两个重要的结论：其一，宋代的经济制度创新是前朝所未见的，宏观经济、产业经济乃至企业制度方面都出现了重大演进，大一统中央集权制度下的工商制度建设，在宋代已经基本定型。其二，宋代的官商经济模式已经实现了"标本化"，其后一千年，无非是这一"标本"的极端化和恶劣化。中国的经济形态，由先秦至汉初是贵族经济，演进到东汉至魏晋南北朝，成为了世族经济，进入隋唐之后，日渐呈现出"士商合流"的趋势，到宋代，终于定型为士绅经济，历一千年左右的演进，其后再无进步。这三种经济形态从本质上来说，都是官商经济。

千年第二回的"延和殿廷辩"

讲述至此，大家就知晓宋代的治理逻辑了：中央要防止地方作乱，就需控制兵权，要控制兵权就要养兵，要养兵就要增加财政收入，要增收就要壮大国有专营事业，壮大了国有事业，民间经济就势必受到挤压，同时造成权贵经济的泛滥。在大一统的治理模式之下，这似乎是一个无法打开的闭环逻辑。

所以宋代开国一百年以后，毛病就出现了。第一个是贫富差距拉得很大，

---

① 姜锡东：《宋代商人和商业资本》，中华书局 2002 年版，第 156 页。

穷人很穷,富人很富;第二个是土地兼并,全国一半以上的土地掌握在少数家族手上。而财政收入跟不上政府支出的增长,捉襟见肘,于是就要改革。

搞改革的皇帝是宋神宗,登基时 20 岁,很年轻。中国历代搞激进式大改革的皇帝大多是年轻人,比如秦孝公、汉武帝、唐德宗、宋神宗,还有之后的清光绪帝。年轻人血气方刚,敢于大破大立。宋神宗找的操盘人就是王安石。

王安石在当时并不是主流人物。中央有很多大儒,年高权重,暮气沉沉,都是既得利益者,朝廷又"百年未尝诛杀大臣",故而骄纵得很。宋神宗要打破格局,就要找一个另类、有勇气、愿意担当、敢于打破所有陋习的人,破坏所有的既得利益。王安石正是这样的人选,他常年在地方工作,个性骄傲,胆子很大,他对宋神宗讲过一句胆大包天的话:"天变不足畏,祖宗不足法,人言不足恤。"这与商鞅的那句"治世不一道,便国不法古"颇可以前后呼应。

宋神宗登基是在 1068 年,第二年就开始变法了。当时,在中央政府内部发生了一次重大的政策辩论,具体的地点就在首都汴梁的延和殿。中国是"国有企业的故乡",可是关于这一制度的利弊、国家到底应该在国民经济中扮演什么角色,这种制度性的思辨,在决策层面却很少进行。之前,在公元前 81 年有过一场盐铁会议,桑弘羊与众贤良脸红耳赤地大辩论过一次,一千多年后,延和殿是第二次,再下一次辩论将发生在遥远的 1945 年。也就是说,"千年辩一回"。

历史上把这次辩论称为"延和殿廷辩",争论的双方是王安石和司马光——当时国内知名度最高的两位知识分子和政治家。辩题是:工商经济那么发达,可是国家却很弱,在朝廷,中央财政是"讨饭财政",在民间,贫富差距那么大,土地兼并很严重,怎么办。

两个人的办法,简而言之,一个是开源,一个是节流。

王安石认为,中央一定要把经济权力收起来,学习商鞅,学习汉武帝,学习刘晏,进行高度集权的国家主义改革。司马光认为,要治理国家其实很简单,只要中央财政节俭一点,然后以农为本、藏富于民,天下就会太平,这是经典儒家的观点。两个人在延和殿吵得不可开交。王安石嘲笑司马光等人不懂为国理财。司马光说:"我不认为把天下的财富聚集到政府的口袋里是件好事情,你的这种办法是要祸害老百姓的。"王安石说:"不会啊,我这个办法叫作'民不益赋而国用饶'。"

司马光听到这里当场就跟他翻脸,他说:"这话是桑弘羊讲的,桑弘羊就拿了这句话去欺骗汉武帝,所以导致武帝晚期盗贼并起,被迫下《罪己诏》,国家差点灭亡。"[①]在司马光看来,天下财富是有一个定量的,不在民间就在政府,两者存在内在的争利关系。他的这个观察,在经济思想史上很重要,其实到今天,还是有争议的。在 1068 年,王安石与司马光之辩止于此,没有再深入下去,其实由此展开去,可以对中国的国有经济制度和财政模式进行真正意义上的辩论。

年轻的宋神宗夹在两个大思想家之间摇摆不定,一会儿觉得王安石讲得很在理,一会儿又认为司马光是对的。不过,六个月后,他还是选择了王安石,任命他为参知政事,相当于副宰相,实施大变法。

最后一次整体配套体制改革

王安石搞的这场变法气魄很大,格局空前,是一次涉及政府机构、产业、财政、物价及流通的整体配套体制改革,在某种意义上,也是帝制时期的最后一次整体配套体制改革。

他的第一项改革是对经济权力的重组。在中央六部中,经济权力集中于户部,户部有三司,户部司管财政收入,度支司管行政支出,盐铁司管国有专营事

---

① 《司马文正公文集·迩英奏对》:"此乃桑弘羊欺汉武帝之言,司马迁书之以讥武帝之不明耳。天地所生货财百物,止有此数,不在民间,则在公家,桑弘羊能致国用之饶,不取于民,将焉取之?果如其言,武帝末年安得群盗蜂起,遣绣衣使者逐捕之乎?非民疲极而为盗耶?此言岂可据以为实!"

业。王安石打破原有分工,把三司权力集中起来,成立制置三司条例司。这相当于另立了一个小"国务院",20世纪80年代搞改革开放,有过一个经济体制改革委员会,简称"体改委",沿用这一思路。

王安石颁布的法令,大大小小有十余条,分别是均输法、市易法、青苗法、农田水利法、免役法、方田均税法等。其中最重要的是前三条。

均输这两个字来自于桑弘羊,就是国家成立物资部和物价委员会,管制重要生产资料的产销。这个法令推行后,国家就全面垄断了重要资源的生产和销售,一改实行多年的"买扑"、"钞引"等通商制度,朝廷专设发运使一职,财政拨划专项采购周转资金,统购统销,国营专卖;市易法是对城市商品零售的国家垄断,政府在各地设立市易司,由政府拨出本钱,负责平价购买"滞销商品",到市场缺货时出售,商品价格由市易司划定;青苗法则是农业领域的变革,在每年夏秋两收前,农户可到当地官府借贷现钱或粮谷,以补助耕作。每笔贷款的利息为20%,一年可贷两次。这三大政策,前两者是"桑弘羊版本"的复活,青苗法是王安石的独创。① 跟所有的计划经济大师一样,"王安石变法"的初衷其实就是两个:第一,尽可能多地增加财政收入;第二,打击富豪,缩小贫富差距。而其结果也是同样的两个:前者的目标在短期内会迅速地实现,长远看却注定失败;后者的目标则从来不会实现。

具体来说,变法实施之后,国库果然为之一饱,仅市易司获得的收入就相当于全年夏秋两税总收入的三成,政府因青苗法而得到的利息也十分惊人,因为征缴上来的钱粮绸帛实在太多了,以至于不得不新建52个大仓库。

可是很快,弊端就呈现出来。

均输法让发运使衙门成了一个权力空前膨胀的"政府型公司",它到处与民争利,官方的采购价格与市场波动背道而驰,要么大大低于市场价格几近抢劫,

---

① 青苗法起源于唐朝中后叶,王安石在当鄞县知县时予以试验,取得奇效,实施变法时便将之在全国范围内推行。

要么大大高于市场价格收受回扣，发运使把大米运到一些缺粮地区，销售价格比之前上涨一倍，正常的市场运行被完全地打乱了。宋朝官员本来就乐于经商，均输法正好给了他们一个中饱私囊的好机会。

市易法"尽收天下之货"，让政府成了最大的商店、银行和物流中心，它的经营范围越来越广，连水果、芝麻都被垄断了起来，城市商业秩序被彻底破坏。宋代学者郑侠在《西塘集》中记载道，自从实行了市易法之后，商人们都不肯到汴梁来做生意，大家绕开都城而行，因为只要一进城门，货物就可能被全数押送到市易司。后来，这些情况被反映到宋神宗那里，连皇帝本人也觉得太过分了，有一次，他对王安石说："市易司连水果都要垄断起来销售，实在太琐碎了，能不能把这一条给罢废了？"王安石说："制定法律的关键是，是否有害于人民，不应该因为它的琐碎就罢废了。"①

对普通农户来说，伤害最大的当然是青苗法，此法的本意是国家拿出一定的款项在地方上放债，以免穷人受富人高利贷的剥削。可是一到执行阶段，就完全地变味了。各级官员把陈旧的霉粮放给农户，收回的却必须是新粮，放的时候斤两不足，收的时候却故意压秤，一来一回，实际利息竟比向富人借贷还要高。中央为了把钱放出去，就下达贷款指标，地方官只好搞摊派，民间苦不堪言，如果发生水灾旱灾，地方政府为了收回本息，就到处抓人，农民只好卖地卖儿女。

种种新政的实施，让宽松的经济环境不复存在，自由工商业者遭到毁灭性的打击，民国学者王孝通在《中国商业史》中一言以蔽之——自王安石变法之后，"商业早入于衰颓之境矣"。②

王安石还听不得不同的意见，不过他比商鞅好一些，后者杀人杀得河流变

---

① 《宋史·食货志》："后帝复言：'市易鬻果太烦碎，罢之如何？'安石谓：'立法当论有害于人与否，不当以烦碎废也。'"

② 王孝通：《中国商业史》，上海书店 1984 年版，第 137 页。

色,王安石只是把反对变法的人全部赶出京城。司马光就被赶到了洛阳,他在那里住了十五年,写了一本《资治通鉴》。当时舆论很开放,大臣都很放肆,司马光写书写累了,就写公开信《与王介甫书》骂王安石,王安石看到以后,马上写《答司马谏议书》,如礼回送。当时朝中执政大臣有五位,大家把这五个人叫做"生老病死苦",除了王安石是"生"的,其余四个人都没啥用。王安石还亲自拟定科举考题,把变法思想掺进去,最夸张的是,他还把自己的像搬进孔庙,给孔夫子做"陪祀"。

由此种种可见,王安石实在是一个非常强悍的集权主义者。变法搞了17年,到1085年,神宗驾崩,哲宗继位,皇太后和哲宗都很反感王安石,就尽废新法,重新启用司马光。

司马先生回来后干了一件很有趣的事,他任命了一个叫李公择的人当户部尚书,李公择是研究小学的,对财政知识一窍不通,这好比从北京大学考古系找了个教授来当财政部长,于是朝野哗然。司马光解释说:"我就是要用这样的办法来告诉大家,中央的政策变化了。"①由这个细节可以看出,儒家在经济治理上是多么无能,经典儒家从孔孟以来,在理财上一直找不到办法,翻来覆去说的都是"以农为本、轻徭薄赋、仁义治国"。儒家反法,反得很猛烈,甚至不惜以性命相搏,可是,一旦掌握了权力,却又提不出新颖的建设性方案,这就是中国历代经济治理的一个重大冲突点:儒家"君君臣臣"的思想在政治上对中央集权制度形成了支柱性的作用,可是在经济思想体系上却无法匹配。

哲宗登基一年后,王安石就郁郁而终了,四个月后,司马光随他而去。反对变法的人拿不出治理经济的任何方案,到了哲宗九年,朝廷重新启用以蔡卞、蔡京为首的王党。蔡卞正是王安石的女婿。

蔡京是国史上出了名的贪官和奸臣,他把王安石的国家主义推到了极致,并

---

① 《晁氏客语》:"司马温公作相,以李公择为户部。公择文士,少吏才,人多讶之。公曰:'方天下意朝廷急于利,举此人为户部,使天下知朝廷之意,且息贪吏望风掊刻之心也。'"

毫无悬念地转型为权贵经济。在这个世界上，人性的贪婪都是需要制度基础的，好的制度会遏制人的恶，反之则会催化和放大之。在这个意义上，比人的贪婪更可怕的是制度的贪婪。大清官王安石创造了一个贪婪的集权制度，他的后继者就会把这种贪婪和集权推向极致，并必然地产生异化，这是一条"惯性之路"。

蔡京就做了很多极端化的事，他将盐、茶两业完全地实施国家垄断，不与民间分利，使之成为少数利益群体的独享之物。江淮一带是全国最主要的产茶区，蔡京将之全部变成官市，不许民间经营，有一年，他觉得现行的盐钞制度让民间盐商分到了太多的利润，于是就悍然下令，废止现行的盐钞，那些手中握有旧盐钞的商人在一夜之间变成赤贫，上吊跳河者不乏其人。①

从王安石开始变法的 1069 年，到蔡京被罢官的 1126 年（靖康元年），极端的国有专营制度的实施前后长达 57 年，而这又正是北宋帝国由半衰走向灭亡的 57 年。1127 年，北方的金军攻破汴梁，掳走宋徽宗、宋钦宗，北宋就这样亡了。

"改革标本"王安石

回头还来讲王安石这个人。

这个人是中国经济史、政治史上充满了重大争议的标杆性人物。我们常常说一个历史人物不易评论，是因为他"面目不清"，可王安石这个人面目很清晰，还是不易评价。

在宋代，人们就不知道如何评价王安石。邓广铭在创作《北宋政治改革家王安石》时便感慨道："找不到一篇记述王安石生平的行状、墓志和神道碑之类的文字，不但见不到全篇，连片段的甚至三言两语的引证也看不到。"也就是说，

---

① 《宋史·蔡京传》："榷江、淮七路茶，官自为市。尽更盐钞法，凡旧钞皆弗用，富商巨贾尝赍持数十万缗，一旦化为流丐，甚者至赴水及缢死。"

宋人对这个改变了帝国以及所有人命运的大人物"视而不见"。

这个人才华横溢,诗文独步天下,是公认的"唐宋八大家"之一。他读书很多,自诩读遍天下所有的书。他辩才无碍,讲起《周礼》,举朝无人比他更烂熟于心。他把司马光、苏东坡等人整得很惨,可是没有人敢说自己的才华比他高。

他还是个非常能干的官员,很懂财经之道,当官不靠后台,科举出身,从县一级干起,当过知县、通判,一直干到中央。他对所有的行政关节非常熟悉,谁都骗不了他。

他不修边幅,不通人情。宋朝是士大夫之国,大家都穿得很体面,彬彬有礼,偏偏这个王安石不洗头、不剃须,每天身上很臭地来上朝,还整天死着一张脸,同僚都叫他"拗相公"。他不拉帮结派,独来独往,跟任何人都没关系。更要命的是,他不贪色、不爱财。中国传统思想中,一个坏官必会犯这两条,可是王安石一条都不沾。他节俭清廉,视富贵如浮云,每次发官饷,总是拎了一袋子钱回家,数也不数就上缴给妻子。他还终生不纳妾,在风流开放的宋代文人中绝无仅有。他当然不通敌、不卖国,是一个视国家利益为上的爱国主义者。

这样一个道德高尚、百毒不侵的人,勤勤恳恳、日以继夜地把国家搞亡掉了,你怎么评价他?

所以说,这是一个特别有意思的人,是一个特别需要警惕的人。

在中国历史上,像他这样的人虽然凤毛麟角,却也并非仅见。他们为官清正,工作操劳,办事雷厉风行,行政效率极高,而且不将私利掺杂于国事。他们力主国家主义,不惜以牺牲民间工商自由为代价,换得中央集权制度的恢复与稳定。他们提出的行政口号往往是"均贫富",可是最终的结果一定是将民间的富人和穷人一起剥夺。从经济史角度来观察,这些"理财大师"往往是中国式的"治乱循环"的转折点。

自宋之后,到明清两代的数百年间,王安石是政治史上的"失踪者",大家顶多说说他的那些诗歌散文。一直到20世纪以后,他突然咸鱼大翻身,1908年,当世最著名的政论家梁启超撰写《王安石传》,宣告"翻中国历史上第一大冤案"，王安石突然再成政治大明星。

王安石的"复活"，自然与当时的国家境遇及世界环境有关。鸦片战争之后，中国沦为"东亚病夫"，为了寻求强国之道，推行国家集权主义便成为政界和知识界的主流意识，在当时，无论是保皇党人还是革命党人，都做如是想，钱穆说："至晚清而主变法者，争言荆公政术。"①放眼世界，无论是 1917 年苏联的诞生，还是 20 世纪 30 年代纳粹德国、日本帝国的崛起或美国的"罗斯福新政"，都被看成是国家主义的胜利。从此以后，王安石成为了主流意识形态中无可争议的大改革家，进入民国乃至 1949 年之后，王安石的声望越来越高。郭沫若认为，秦汉之后第一个大政治家就属王安石，毛泽东在"文化大革命"中推崇的两位改革家，一是商鞅，一是王安石。

面对如此充满争议的人物和历史事件，若我们将之放在中央集权制度的两千年演进史中进行观察，也许会得出一些稍稍清晰的结论。

"王安石变法"，与之前的"管仲变法"、"商鞅变法"、"桑弘羊变法"、"王莽变法"乃至"刘晏变法"一脉相连，是历代治国者在经济集权政策上的一次大试验。就如同桑弘羊欣赏商鞅，刘晏欣赏桑弘羊一样，王安石对桑、刘两人也十分推崇，他在与司马光的论战中认定，用国有专营政策来抑制兼并、均和贫富是古代贤君的治国之正道，后世只有桑、刘"粗合此意"。由此可见，历代"变法"衍续的是同一逻辑。

王安石的激进程度与王莽颇为接近，他们前后相隔约千年，是两次分别向两极挑战的变革运动，前者试图回到"周礼"和"井田制"，后者则试图用"计划之手"把每个经济元素都管理起来。他们同样激烈且充满理想主义的气质，可是也同样遭遇惨败，并直接或间接地导致了一个帝国的灭亡。

从制度创新的层面来看，"王安石变法"的重要性甚至超越之前的任何一次。它是最后一次建设性探险，是整体配套性体制改革的"终结之作"。

---

① 钱穆：《中国近三百年学术史》，商务印书馆 1997 年版，第 336 页。

一个特别严重的后果是，"王安石变法"的失败给后来的治国者造成了巨大的心理阴影。一位如此才华卓著的财经大师，在工商经济如此发达的宏观环境中，进行一场如此全方位的配套改革，却造成如此惨烈的失败结局，这令所有的后来者对激进式变革望而却步。它的失败可以说是历史性的，表明基于法家战略和儒家伦理的治国手段在经济改革领域已经无路可走，进不可得，退亦不可得。自北宋之后，南宋、明、清历代治国者基本放弃了体制内的制度创新，开始用更加严酷的管制方式来维持统治，其经济策略越来越谨小慎微、趋向保守，最终走进了闭关锁国的死胡同。

所以说，自王安石之后的中国，真正严肃的经济问题只剩下一个，那就是——稳定。

"世界时间"里的变法

根据布罗代尔的"世界时间"概念，我们可以说，在 12 世纪之前，"世界时间"的钟摆是在东方，在中国的——在洛阳，在长安，在汴梁，在泉州。然而之后，这个钟摆开始悄悄地摆向了西方，摆到了地中海沿岸的意大利，然后到西班牙，到荷兰，到英国，最后又到了北美洲。"王安石变法"正处在这样的一个历史时刻，尽管当时没有一个人感觉到了这种变化。

造成"世界时间"大挪移的原因，不是自然性的，不是资源性的，而是制度性的，首先是政治制度，然后是经济和文化制度。

欧洲自公元 5 世纪西罗马帝国瓦解后，就进入了漫长的"黑暗中世纪"，9 世纪爆发黑死病和大饥荒，其文明水平和经济能力与东方的中国完全不在一个层次上。当汴梁、临安人口超过一百万时，同时期的欧洲城市要小得多，一般只有数千人，规模最大的威尼斯、那不勒斯和巴黎等，也不过数万人口而已。不过到了 11 世纪，欧洲却发生了一些前所未见的社会变革。

1085 年，宋神宗驾崩的那一年，在意大利北部出现了中世纪之后的第一个由市民选举执行官的城市——比萨城，这意味着"自由城市"的诞生。从 11 世纪开始，大量失地的欧洲农奴纷纷逃离封建领主所控制的城堡庄园，来到没有人身管制的城市，根据当时的欧洲法律，他们只要在城市里居住满一年零一天，就可以自动地成为"自由民"，因而有谚语说："城市的空气使人自由。"城市自治是商业自由的土壤，自由成为新生的市民阶级的合法权利，他们在这里经商，并尝试着建立自治机关，比萨城的自由选举就是在这样的背景下发生的。

就在比萨成为"自由城市"的两年后，1087 年，也是在意大利，博洛尼亚城出现了人类历史上的第一所大学——博洛尼亚大学，众多自由学者聚集在这里，研究古老的罗马法典和医学。到 1158 年，皇帝费德里克一世颁布法令，规定大学作为研究场所享有独立性。独立的大学体制的建立，让欧洲的知识精英与国家权力之间形成了平等钳制的关系。

发生在王安石年代的这两个事件具有分水岭般的意义。自由的城市催生自由的商业，自由的大学催生自由的思想，而自由的商业和思想又是人类文明走向现代社会的两块奠基石。

相对于欧洲的这些新变化，宋代中国尽管拥有当时世界上规模最大、人口最多、商业最繁荣的城市集群，建立了遥遥领先于同时期欧洲的经营模式和工商文明，但是，在社会制度的创新上却开始落后了，相反，王安石的变法更空前强化了政府的管制能力。在欧洲所出现的"自由民"、"自治城市"、"私人财产的合法性原则"、"对君主权力的限制"等法权思想，对于强调中央集权的中国而言，根本没有萌芽的土壤。在中国漫长的封建专制时期，城市与学校一直为政权所牢牢控制，这是东西方文明走向不同演进道路的根本性原因。放眼未来中国，能否真正建设好现代政治文明，城市与大学的自由度仍是重要的观察指标。

所以，11 世纪至 12 世纪常被称为中西方文明的大分流时期，是"世界时间"的钟摆从东向西摆动的关键时刻。在这样的时空背景下解读"王安石变法"，当有新的体味。

明清停滞：大陆孤立主义的后果

　　英国经济学家安格斯·麦迪森的研究证明，长达五百多年的明清两朝是一个长期停滞的时期：从 1300 年到 1800 年的五百年中，中国的人均 GDP 增长率为——零。[①] 而这五百年里，世间物换星移，文艺复兴运动让欧洲走出中世纪，接着是"地理大发现"，然后爆发了工业革命，出现了以"三权分立"为主要特征的现代国家。在外部世界开始以加速度的方式，成十倍成百倍地往前狂奔的时候，我们像"龟兔赛跑"中的那只兔子一样，在一棵枯树下酣睡了五百年。

中国与欧洲人均 GDP 比较

	公元 1 年	960 年	1300 年	1700 年
中国	450	450	600	600
欧洲	550	422	576	924

（安格斯·麦迪森制表，单位为国际元[②]）

　　这一觉睡到 1840 年，国门被枪炮打开，但在很长时间里还是没有清醒过

---

　　① 安格斯·麦迪森：《中国经济的长期表现（公元 960—2030 年）》，伍晓鹰、马德斌译，上海人民出版社 2008 年版，第 19、37 页。

　　② "国际元"：学术界以 1990 年的美元购买力为参照所形成的货币计算单位。

来，要到1894年的甲午海战打完，才说"一战而全民皆醒矣"。所以，这一段时间，对于中华民族来讲，是一个要深刻反思的时期。

为什么在明清，治国者的思想变得保守了呢？一个很大的原因，是对制度创新的畏惧。王安石变法的失败，使得体制内的创新动力和勇气彻底丧失，之后南宋偏安一百多年，紧接着是蒙古人铁血统治九十八年，以至于明朝建立的时候，汉族统治者有了巨大的心理阴影，已经不敢再进行扩张，对于他们来说，"稳定压倒一切"。黄仁宇就说："从一开始，明太祖朱元璋主要关心的是建立和永远保持一种政治现状，他不关心经济的发展……就明人关心的问题来说，虽然认为中国向来是世界的中心，但是必须保持其农业特征，不能兼容并包发展商业和对外贸易。"①中国的封建王朝对外不再寻求领土扩张，也不需要外来人口，一个亿的内需市场已经足够。同时出于安全的考虑，明朝政府非常想把自己的国土与世界隔离起来，将大陆与世界各国的交往和联系降到最低程度。

因而，这后来的五百年，基本就是从"稳定压倒一切"到"稳定压垮一切"的过程。

四大基本制度的恶质化

我们一再谈到的四大基本制度，在明清两代出现了恶质化的态势。明清的专制化程度，远远高于汉唐宋，是真正的高度专制国家。甚至有的学者认为，"专制"这个词是从明朝开始的，明朝以前的中国并不算是专制国家。

首先，从中央和地方的权力分配制度方面来看。宋太祖赵匡胤"杯酒释兵权"，一举解决地方武装割据的威胁，强化了中央集权的能力；明太祖朱元璋则废除了宰相制，将中央权力内部皇权与相权的平衡性彻底打破。中国自汉以

---

① 黄仁宇：《明代的漕运》，新星出版社2005年版，第227—228页。

后，大量的行政性事务是在相府处理，并不在皇宫，宋"百年不杀大臣"更是皇室对士大夫的"权力承诺"。朱元璋废宰相制，建立大学士制度，其实是破坏了这种"恐怖平衡"，到了清雍正时期，设立军机处后，情况变得更加糟糕，军机处设在皇宫边上的一排小平房里，皇帝每天处理朝政，把军机大臣们呼来唤去，整个儿变成皇室的奴隶了，所以皇权倾轧相权，始于此。

其次，在全民思想的控制模式方面，南宋以后，程朱理学越来越禁锢人的思想，到了明清两代，先是朱棣搞了一个《永乐大典》，再是乾隆弄出了一个《四库全书》，政府从文本角度来限制思想自由，把它认为的异端邪说全数抹掉，全民思想就统一到了"四书五经"上。

再次，在社会精英的控制模式上，进一步强化和神圣化了科举制。全中国的知识分子除了"君君臣臣"的儒家学说以外，什么都不要去想、不准去想。顺治五年，就是清兵入关第五年，清廷下令在全国的府学、县学都立一块卧碑，上面铭刻三大禁令：其一，生员不得言事；其二，不得立盟结社；其三，不得刊刻文字，违犯三令者，杀无赦。而这三条，恰好是现代人所要争取的言论自由、结社自由和出版自由。中国以往的碑都是树立的，只有这块碑是卧立的，读的时候要俯首弯腰，如果不遵从，那就可能"一卧不起"了。有清一代，皇帝多次大兴文字狱，使得天下文人战战兢兢，俱成"精神上的侏儒"。

最后，在宏观经济制度上，国家继续用强有力的方式来管制宏观经济，对外遏制国际贸易，对内搞男耕女织，在工商业领域搞特权经营销售。

铁桶阵：对外闭关锁国

明清治国者有特别发达的"专制智慧"，他们真正发现了"专制的秘密"：政权要稳定，危险无非来自两处，一曰外患，一曰内忧。除外患，断绝一切联系是不二法门，所以要把国家变成一个铁桶。解内忧，控制、削弱民间的组织力量是关键,所以要把人民打成散沙。

铁桶阵和散沙术,是明清治国者的两大法宝。

要打造铁桶阵,办法就是闭关锁国。中国这个国家,北境接草原,西域峻岭沙漠,南连热带丛林,东凭太平洋,在地理上非常容易形成封闭,只要"北修长城,南禁海运",就可与世隔离。

明朝建立以后干的第一件大事,就是北面修万里长城,东起鸭绿江,西抵嘉峪关,沿边设九个防备区,叫九边,驻扎重兵。从此,自汉唐之后就绵延不绝的"丝绸之路"日渐堵塞,中国与欧洲不再往来。欧洲人在失去陆地商贸的大通道后,被迫面向大海寻找出路,欧洲经济告别地中海时期,开始向西部,继而向北方拓展。在这一意义上,欧洲文明日后的走向,应当"感谢"明王朝的闭关政策。

南面禁海运,则需要一点儿"自宫"的勇气。

明初建时,拥有全世界最大的海港泉州港和最强大的海军,经济和政治势力辐射到整个西太平洋地区。根据日本学者滨下武志的研究,在 15 世纪前后,西太平洋地区出现了一个以中国为中心、以白银为统一货币、无关税壁垒的政治经济联盟,这是当时世界上覆盖面最大、人口最多和结构最稳定的区域性国际体系。中国与周边的六十多个国家形成了一种"朝贡秩序",即由宗主国(中国)提供国际性安全保障,朝贡国对中国表示效忠,因而不必保持常设性军事力量。[1] 从 1405 年开始的"郑和七下西洋",其实是明王朝对这一联盟体内的"东南夷"南部诸国的一次大规模巡检,六十二艘九桅大帆船和近三万名随员的庞大舰队呈现出无与伦比的军事和经济实力,进一步巩固了明帝国在东南亚地区的宗主国地位。

历史的转折时刻出现在 1492 年,也就是郑和最后一次下西洋的 59 年之后,明廷下令"闭关锁国",沿海人民从此不得与来华的番船发生任何交通、贸易

---

[1] 滨下武志:《近代中国的国际契机——朝贡贸易体系与近代亚洲经济圈》,朱荫贵、欧阳菲译,中国社会科学出版社 1999 年版,第 59—61 页。

行为，第二年，明廷敕谕今后百姓的商货下海，即以"私通外国"治罪。1585 年，朝廷甚至发布过一道命令，声称谁要建造双桅杆以上的船只，就视同叛乱，处之以死刑。中国的海军体系自我毁灭，在造船技术上的进步从此戛然而止。

巧合的是，也是在 1492 年，意大利航海家哥伦布带着西班牙国王给中国皇帝和印度君主的国书，向正西航行，到达了美洲的巴哈马群岛，伟大的"地理大发现"时代开始了。哥伦布的船队只有三艘船，八十八个人，准备不足，方向不明，却开启了一段新历史。在西方史学界，1500 年往往被看成是古代与近代的分界线，保罗·肯尼迪在《大国的兴衰》中描述道："16 世纪初期，中西欧诸国能否在世界民族之林脱颖而出，显然未见端倪，东方帝国尽管显得不可一世，组织得法，却深受中央集权制之害。"他用十分吊诡的笔调描写中国的闭关锁国："郑和的大战船被搁置朽烂，尽管有种种机会向海外召唤，但中国还是决定转过身去背对世界。"①

清朝建国于 1644 年，继续了明的锁国政策。它本身就来自东北，且与蒙古达成"满蒙一家"的战略合作，所以北患比明朝要轻得多。在南面，清廷为了压迫和封锁盘踞台湾岛的郑成功集团，于 1661 年、1662 年和 1664 年，三次颁布"迁界禁海令"，宣布"片板不许下水，粒米不许越疆"，山东至广东沿海老百姓内迁三十海里，形成了一个隔火地带。施琅打下台湾后，1685 年（康熙二十四年），宣布开海贸易，设立了广东、福建、浙江和江苏四大海关。到 1757 年（乾隆二十二年），由于沿海贸易日渐活跃，特别是东印度公司不断派员北上冲撞，乾隆下诏关闭浙、闽、江三地海关，指定广州为唯一的通商口岸。从此，繁荣了数百年的泉州港、明州港（宁波）等彻底衰落，广东的开放个性以及外向型产业结构由此形成，日后，民国及改革开放时期，两次"南风北渐"，历史的原因便在这里。

海关制度与之前的朝贡制度相比，是外贸政策上的一个大变化。根据历代

---

① 保罗·肯尼迪：《大国的兴衰》，陈景彪等译，国际文化出版公司 2006 年版，第 2、7 页。

的市舶制度,各国商人以朝贡的方式与中国展开贸易,贡使将贡物献给中国皇帝,其商人将货物交与市舶司,在特定的馆地临时招商叫卖,并无专设的买卖机构。海关设立之后,外商被允许在中国境内自建商馆,西方各国商人纷纷在广州城门以西的珠江边建造房屋。外商称之为"商馆",中方则称之为"夷馆"。清政府对夷馆商人进行了严格的行动管制,他们未经批准不能进入广州城,也不得擅自离开夷馆四处活动。在不同时期,政府还颁布过诸多限制性的法令,譬如,外商不得在广东过冬、不得乘轿、不得乘船游河、不得雇用汉人婢仆,禁止中国商人向外商借贷资本,等等。也就是说,在很长的时间里,外国人被关在一个"铁栅栏"里与中国人做生意,他们对中国所发生的一切及社会风貌一无所知。

从朝贡制到海关制,清政府在经济上改变了外贸政策,但政治上的外交政策一直没跟上,政治又拖了经济的后腿。清朝皇帝从来把外邦看成是"低我一等"的蛮夷,顺治便认为"通贡"已是天朝对蛮夷最大的恩赐,"贸易二字不宜开端"。①

在四百多年的时间里,这个"铁桶阵"打造得很完美,自己在里面陶醉,外面的人也对桶内的情景无所知晓。从 1521 年开始,葡萄牙人、荷兰人、俄国人先后派出 15 个使团,试图与清朝建立双边关系,均遭拒绝。直到 1792 年,已经非常强大的英国第一次派出了官方的访华使团,也就是历史上非常有名的马戛尔尼使团,从广州港登陆,沿着运河一路北上到热河去见乾隆皇帝,这才第一次亲眼看到了真实的天朝。英国人在日记中写道:"不管是在舟山还是在溯白河而上去京城的三天里,没有看到任何人民丰衣足食、农村富饶繁荣的证明。事实上,触目所及无非是贫困落后的景象。"②他们进而断定:"这个政府正如它目前的存在状况,严格地说是一小撮鞑靼人对亿万汉人的专制统治。至少在过去的

---

① 参见陈国栋:《东亚海域一千年》,山东画报出版社 2006 年版。

② 约翰·巴罗:《我看乾隆盛世》,李国庆、欧阳少春译,北京图书馆出版社 2007 年版,第 53—54 页。

一百年里没有改善，没有前进，或者更确切地说反而倒退了；当我们每天都在艺术和科学领域前进时，他们实际上正在成为半野蛮人。"①

英国人向清廷提出了七项条件，以现在的眼光看，大多属于希望展开平等贸易的要求，比如开放宁波、舟山、天津等为贸易口岸，允许英国商人在北京开办一家贸易公司，允许英商在舟山和广州附近有存货和居住的地方，恳请中方公布税率、不随意乱收杂费，等等。乾隆一条不准，还写了封信给英王乔治三世，内称"其实天朝德威远被，万国亲王，种种贵重之物，梯航毕集，无物不有，尔之正使等所亲见。然从不贵奇巧，并无需尔国制办物件"。意思很明白，天朝什么都有，你派来的人都看到了，你们国家生产的任何东西，我都不稀罕，以后，能不来，尽量就别来了。马戛尔尼给乾隆带来了很多东西，有望远镜、火炮、时钟等，和珅把它们都运到了北京，一直到1900年八国联军攻进紫禁城，跑进去一看，很多东西还没开过封。

散沙术：对内男耕女织

每个治国者登基第一天，都会想一个问题："我怎么样才能走出改朝换代的周期律？"各代的办法都不一样。朱元璋虽然是乞丐出身，学历很低，但也是一个很有思想的人，他的办法就是，把这个国家打成一盘散沙。当这个国家的人民变成一粒粒沙子的时候，也就没有了凝聚的力量，人凝聚不起来，就不可能造反了，这就是对内维持统治的"散沙术"。朱元璋还在老子的《道德经》里找到了思想依据，老子说，天下最理想的境界是"鸡犬相闻，老死不相往来"。每个人都活在自己的一个小村庄里，守望相助，男人早上起来去种地，日落就回家；女人在家里烧饭纺纱管小孩，男女一生不出乡村，这样，天下自然太平，王朝自然千

---

① 参见斯当东：《英使谒见乾隆纪实》，叶笃义译，上海书店出版社1997年版。

秋万代。史书说，朱元璋一生中最喜欢读的书便是《道德经》。

要把天下打成散沙，在经济上，最好的模式就是男耕女织。

在中国经济史上，有两种植物彻底改变了国家的命运，一是宋代的水稻，二是明代的棉花。

水稻原产于亚洲热带地区，五代及宋代初期，香巴王国（今越南北部）的占城稻被广泛引入长江流域，它一年可有两熟，甚至三熟，而且产量比一年一熟的小麦要高一倍，从而引发了一场"水稻革命"。粮食产量的剧增，使得"中国硕大的沙漏倒转了"①。宋代人口急速增长，成为人类历史上第一个亿级人口的庞大帝国。从此之后，统治者失去了对外进行土地和人口掠夺的"刚性需求"。

而朱元璋则发动了一场"棉花革命"。与水稻一样，棉也是一种外来植物，原产于印度，在汉字中第一次出现是南朝的《宋书》。宋末元初，它已经在南方地区得到一定面积的普及。元代，松江府（今上海）的妇女黄道婆改进纺织技术，使生产效率大幅提高。朱元璋建国之后大力推广棉花种植，他下令，农民有田五至十亩的，俱令种桑、麻、棉各半亩，10 亩以上倍之，到 1393 年（洪武二十六年），全国田地比元末增长了 4 倍多，其中棉田的增加最为显著。棉花种植和棉纺织技术的革新，彻底改变了中国人以丝绸和麻布为主的穿着传统，服装产量为之大增，棉纺织迅速成为全国第一大手工制造业。据吴承明的研究，明清两代，中国每年生产约 6 亿匹棉布，约人均每年织布两匹，商品值近 1 亿两白银，其中 52.8% 是以商品形式在市场上出售的，总产量是英国在工业革命早期时的 6 倍。②

这两场革命，"水稻革命"和"棉花革命"，对中国的经济结构、社会结构、政治治理理念乃至国民性都造成了重大的、不可逆的影响。

这里还有一个世界级的问题需要解答：众所周知，发生于英国的工业革命

---

① 费尔南·布罗代尔：《文明史纲》，肖昶等译，广西师范大学出版社 2003 年版，第 196 页。
② 吴承明：《论清代前期我国国内市场》，《历史研究》1983 年第 1 期。

其实也是以纺织业为启动点的,而它最终引爆了机械技术的革命性创新,同时带来社会组织的颠覆性变化,最终诞生了资本主义,改变了人类文明的方向。那么,为什么同一个产业的创新,在中国不但没有引发与英国相同的革命性效应,反而为自闭创造了条件?

学者们研究得出的结论是:在14世纪的中国江南乡村,每个农家都有织机一部,耕作之余,无论妇孺老小都从事纺织,全家动手,机声不休,通宵达旦。每户所织之布虽然数量甚微,但聚合之后,成亿万之数。赵冈和陈钟毅在他们的研究中指出过一个让人吃惊的事实:从14世纪一直到19世纪80年代以前,在中国没有出现过一家手工业棉纺织场! 他们在《中国经济制度史论》中写道:"中国传统手工业各大部门都曾有过工场雇用人工操作生产的记载,惟独棉纺织业没有任何手工工场的确切报道。"①这种"一户一织"的家庭纺织与规模化的工场化生产相比,最大的特点,或者说优势是,前者的从业者几乎没有劳动成本支出,而且时间也是几乎没有成本的,任何人都可利用闲暇时间单独操作。在这种生产模式的竞争之下,规模化的手工业工场当然就没有任何生存的空间了。

在现代经济研究中,早期的乡村手工业常常被称为"工业化原型",它为工业革命的诞生提供了市场和技术前提;然而在中国,乡村手工业则变成了机械工业化的障碍,它发挥无比的抗拒力,来阻止工厂的兴起与工业化进程,这是一个历史性的悲剧。

城市化率的下滑

中国的城市从来不属于民间。张光直的研究证明,从"中国最古的城市"到"近代中国的城邑",都是政治的中心,是维护权力的必要工具,这一特征其实从

---

① 赵冈、陈钟毅:《中国经济制度史论》,新星出版社2006年版,第415页。

未被改变过。① 不过,城市在经济中的功能却在明代以后改变了。在先秦之后的一千五百多年里,中国的经济运行中心被置于若干个大都市之中,人口和工商活动也颇为集中,唐代还有法令限制县级以下的商业市集之发展。可是,在明代之后,与数以百万计的农村家庭纺机相配套的,是中国从城市化向城镇化的大退化。

随着家庭纺织业的繁荣,这些农户的周边自然地出现了大型交易集市。这些新型市镇与传统市镇的最大不同之处是,它们兴起的功能不是为农民消费服务,而是为农业生产服务,参与贸易的不是"以物易物"的小农户,而是大商贩和巨额资金,他们的利益所得,来自于规模化经营和远途贩运。有人统计江南地区苏州、松江、常州、杭州、嘉兴和湖州六府境内的市镇数目变化发现,在宋代,这里有市镇 71 座,而到了明代,则增加到了 316 座。中国的县级机构,自唐之后数量变化一直不大,大抵在 2000 到 2300 个,可是市镇数量却几何级增多,到清中期,全国已约有三万个市镇,它们替代之前的两千个中心县城,成为中国经济的驱动器。

我们不妨将这一转变归纳为中国城市化的"离心现象"——在其他国家,城市人口比重愈来愈高,也愈来愈集中,小城市变大,大城市变得更大;但是在中国,宋代以后城市人口的集中程度逐渐减弱,大中型城郡停止扩充,明清两代的几个大都市,从人口到城区规模都比两宋和元代时缩小许多,人口反而向农村靠拢,江南地区形成众多市镇。②

自明初到清末的 500 余年间,中国的城市化进程陷入停滞,城市总人口之

---

① 张光直:《中国青铜时代(二集)》,生活·读书·新知三联书店 1990 年版,第 5 页。

② 城市与人口:明清两代,中心城市的规模及人口总量从来没有超过两宋的汴京与临安,欧洲的城市发展路径恰恰相反,据罗兹曼的计算,在 1500 年前后,欧洲最大的 4 个城市是米兰、巴黎、威尼斯和那不勒斯,人口在 10 万～15 万之间,到 1800 年,巴黎人口超过 58 万,伦敦则达到了 86.5 万。参见安格斯·麦迪森:《中国经济的长期表现(公元 960—2030 年)》,伍晓鹰、马德斌译,上海人民出版社 2008 年版,第 32 页。

绝对数几乎没有增长，但是全国总人口则在不断增加——从明代初期的 7000
万人，至 16 世纪时达到 1 亿至 1.3 亿，至清代乾隆年间已将近 3 亿，城市人口比
重日趋降低，到 19 世纪中叶降至谷底。若与西方相比，戏剧性的反差更为明
显：中国城市化率的最高点出现在 13 世纪的南宋，之后掉头向下，而西方正是
在 13 世纪开始了城市化率的提升。[①] 在 1800 年，世界上 70% 的大城市位于亚
洲，北京在很长时间里为规模第一，可是到了 1900 年，仅有一座世界级大城市
位于亚洲，其余则均位于欧洲与美洲，这都是"工业革命"的结果。[②]

这种人口和经济重心向农村转移的现象，最为真实地表明中国社会的平铺
化和碎片化态势。它既是人口增长和产业经济发展的客观结果，同时也是中央
集权制度的必然引导。

在城市离心化的大趋势之下，进而出现了"油水分离"的社会景象：政治权
力集中于城市，为政府及权贵所全面控制，城市从此成为权钱交易中心和奢侈
消费中心，而非生产制造中心。经济力量则集中于数以万计的市镇，为民间势
力所掌握，大量的手工业分散于数量更多的村庄，这使得资本、人才和资源的集
聚效应根本无法发挥。

男耕女织的社会经济结构、扁平散点化的市镇发展，加上以反对人口流动
为目标的户籍管理制度，一个符合中央集权要求的、以保持低效率为前提的"超
稳定结构"便形成了。在这个意义上，"男耕女织"确乎是一个中国式的"唯美主
义的诅咒"。

---

① 赵冈：《中国城市发展史论集》，新星出版社 2006 年版，第 84 页。
② 参见尼尔·弗格森：《文明》，中信出版社 2012 年版。

对"自转惯性"的预警

讲解至此,我们要对中国的"自转惯性"提出一个历史性的预警。

在人类社会的大家庭中,一个国家如同宇宙中的一颗星球,有与世界文明同步的公转,也有与自身条件相符合的自转。在所有的文明体中,因地理、人文乃至经济的原因,中国也许是自转条件最好、自转能力最强的国家之一。

在农耕文明时期,一个国家若要闭关锁国、拒绝公转,必须具备两个重要的条件:一是土地之广袤和粮食之充沛足以养活全体国民,二是人口之众多足以满足工商生产的市场供求。如果这两个前提成立,那么,技术的进步很可能会强化——而不是减弱——这个国家的内向与封闭。碰巧,到了 14 世纪的明朝,所有客观条件全数具备,帝国迅速转身,成为一个"自转的小宇宙"。

在学术界,只有很少的学者观察到这一规律,从来没有到过东方的布罗代尔在《文明史纲》中曾简短地提及,"人口的众多导致了中国不需要技术进步,内需能够满足供应,而不必追求海外市场"。对农业文明状态下的民生而言,最主要的内需产品只有两个,一是吃,二是穿。而水稻和棉花的引进与推广,在"耕"和"织"两大领域分别解决了技术性的问题,创造了闭关锁国的必要条件。汤因比在《历史研究》中则对大一统制度与技术进步的关系进行了更具普遍意义的阐述,在他看来,"他们常常对技术进步的可能性漠不关心或者干脆采取敌视态度,因为他们认为,任何技术变革都会威胁经济的稳定,因而也会威胁社会和政治的稳定,而这种稳定是统一国家的奠基人好不容易才确立起来的"。①

于是,自宋代之后日渐奉行的"大陆孤立主义",终于在明代找到了现实而

---

① 阿诺德·汤因比:《历史研究》,郭小凌、王皖强等译,上海人民出版社 2010 年版,第 41 页。

顽固的落脚之处。14世纪至15世纪的那场"棉花革命"是中国农业经济的最后一次革命，是小农经济兴盛的关键性因素，它将古代的中国经济推拱到了一个新的高峰，并终止于此。从此之后，在长达400年的漫长时间里，中国成为一个不再进步、超稳定的小农社会，一个与"世界公转"无关的、"自转"的帝国。据安格斯·麦迪森的计算，中国在1301年（元朝大德四年）的人均国内生产总值为600"国际元"，此后增长全面停滞，一直到1701年（清朝康熙三十九年）的400年中，增长率为零。而欧洲的人均国内生产总值则从576"国际元"增加到了924"国际元"。

如果从静态的角度来看的话，这是一种效率与管理成本同步极低的社会运行状态，若没有外来的"工业革命"的冲击，竟可能是中国历史的终结之处。自宋代的"王安石变法"之后，帝国的治理者已经找不到经济体制变革的新出路，于是，通过推广"男耕女织"的民生方式，将整个社会平铺化、碎片化已成为必然之选择。社会组织一旦被"平铺"，就失去了凝聚的力量，从而对中央集权的反抗便变得微弱无力。

这样的治国策略在明清两代看来是成功的。黄仁宇论述道："在明代历史的大部分时期中，皇帝都在没有竞争的基础上治理天下。……在整个明代，都没有文官武将揭竿而起反对国家。此外，普通百姓对国家的管理不当极为容忍……由于这些条件，王朝能以最低的军事和经济力量存在下来。它不必认真对待行政效率……王朝的生命力不是基于其优势，而是因为没有别的对手替代它。"①

黄仁宇所谓的"替代的对手"，仅仅是站在竞争的角度观察，而如果从制度的角度来看，又存在两种可能性。其一，新的"替代者"延续明帝国的模式，让社会在静止的、超稳定状态下缓慢地"自转"。其二，则是出现一种根本性的、新的

---

① 崔瑞德、牟复礼主编：《剑桥中国明代史（下卷）》，史卫民等译，中国社会科学出版社2006年版，第144—145页。

制度将之彻底地推翻并更换。这两种状况后来都发生了。第一次的替代出现在 1644 年,而第二次则出现在遥远的 1911 年。

必须指出的是,高度专制的中央集权制度对闭关锁国以及社会组织的散沙化有着天然的渴望,这种政治制度若得不到根本性的改变,任何新的技术进步都可能异化为提高"自转"能力的手段。

当今之中国,实行闭关锁国及社会散沙化的客观条件仍然存在,在产业经济层面,中国尚处在工业革命和信息革命的交融之际,内需市场——包括城市化运动和民众消费——越来越成为拉动国民经济的主要力量,特别是 2008 年的全球金融危机之后,中国产业经济对外贸的依赖度急剧下降。在未来的 20 年内,随着新能源技术的发明普及,中国对国际性自然资源的依赖度很可能进一步下降,这意味着,中国重新回到自转状态的危险度也在提高。在这个意义上,中国的改革正与全球科技革命进行着一场不确定性的、危险的赛跑。

陷入官商泥潭的工商经济

明清两代的工商业已完全陷入官商经济的篱藩。发轴于宋的"买扑制"、"钞引制"到明日渐完善为特许授权经营制度,明清三大商帮——晋商、徽商和广东十三行商人全数因此而得利,商人完全沦为一个寄生性阶层。

特许授权又与盐政有关。自管仲以降,中国历代政府都视盐业为经济命脉,其专营所得在年度财政收入中占很大比重,明代也不例外。朱元璋重修万里长城,长年驻扎 80 万雄兵和 30 万匹战马。其中驻军最密集的是"内迫京畿,外控夷狄"的山西大同一带。为了解决"兵政之患",朱元璋想出了"以盐养兵"的政策,将"钞引制"稍改为"开中制"①,具体办法是:商人运粮和其他军需物资

---

①　《明史·食货志》:"召商输粮而与之盐,谓之开中。"

到北方边疆，以粮换"引"，然后凭盐引到指定盐场支取食盐，再到指定的地区销售。这一制度的实行，让得地理之利的山西商人迅速崛起，他们收粮贩盐，横行天下，成为势力最大的区域性商人群体，是为晋商之始。到了明代中期，最出名的晋商家族是蒲州（今山西永济市）的王家和张家，他们分别控制了北方最大的两大盐场：河东盐场和长芦盐场。王家子弟王崇古是宣大总督，为帝国北方国防的最高指挥官，张家子弟张四维当过礼部尚书、内阁首辅，两家同处蒲州，互相联姻，结成了一个极其显赫的家族联盟，垄断北方盐业，官商气质浓烈。

到明中叶的 1492 年（弘治五年），随着北患渐除，南方籍官员实行盐政变法，提出新的"折色制"，从而一改"开中制"所形成的利益格局。按照新的制度，商人不用再到北部边疆纳粮以换取盐引，而是可以在内地到盐运司纳粮换取盐引，这就是所谓的以"纳银运司"代替"中盐纳粟供边"。当时，南方淮河、江苏地区的盐场产量日渐增加，淮盐每年的盐引总量已占全国发行总盐引数量的二分之一，改行"折色制"后，徽商顺势崛起。晋、徽争雄，势必造成惨烈的博弈，为了划分彼此的利益，并防止新的竞争者进入，政府又"适时"地推出了"纲盐政策"，即把盐商分为 10 个纲，按纲编造纲册，登记商人姓名，并发给各个盐商作为"窝本"，"窝本"允许世袭，册上无名、没有"窝本"者，不得从事盐业贸易。"折色"加上"纲盐"，就构成了官商一体、结合了特许与准入特征的承包经营制度，这是明人一大发明，对后世的影响非常深远。[①]

清乾隆开放通商，推行的"行商制度"则是特许制在外贸领域的延伸。当外商被严格管制并"圈养"起来之后，政府便以发放牌照的方式，允许获得资质的中国商人与之进行交易，史称"十三行商人"。根据当时的保商制度，外船入境后必须有一位十三行商人予以担保，凡入口税均须经行商之手，行商承担的责任还包括：商品价格的制定、为外商代缴关税、负责管束外商行为等。如果外商

---

① 王振忠：《明清徽商与淮扬社会变迁》，生活·读书·新知三联书店 1996 年版，第6—11 页。

在华期间有任何违法行为,海关将对行商实施追究。这种独特的保商制度让十三行商人成为政府与外国商人之间的一个媒介,其职责加大,与政府和外商的关系进一步紧密,而权力和获利能力也随之迅速膨胀。

晋商、徽商和十三行商人,因特许授权而获得垄断性利润。明人认为徽商最富,晋商和陕商次之——"以新安最,关西、山右次之"。清人章嗣衡、徐珂曾统计,晋商的资产总数约在 5000 万~6000 万两白银之间,接近于清政府一年的财政收入之和。① 当代山西籍学者梁小民则认为,晋商的资产总量应在 1 亿两白银左右。② 清末,十三行商人独享外贸之利,财富暴涨号称"天子南库",大有超越晋商、徽商之势。道光年间的伍秉鉴拥有资产约 2600 万银元,在西方人的眼中,就是当时世界上的首富,20 世纪 90 年代的《亚洲华尔街日报》曾评选出 1000 年以来世界上最富有的 50 个人,伍秉鉴是 6 个入选的中国人里唯一的商人。

三大商帮尽管都富可敌国,可都是被豢养大的寄生虫,他们的财富增加与市场的充分竞争无关,与产业开拓无关,与技术革新无关,因而与进步无关。费正清在《美国与中国》一书中充满困惑地写道:"一个西方人对于全部中国历史所要问的最迫切的问题之一是,中国商人阶级为什么不能摆脱对官场的依赖,而建立一支工业的或经营企业的独立力量?"他得出的研究结论是:"中国的传统不是制造一个更好的捕鼠机,而是从官方取得捕鼠的特权。"③明清商人便生动地诠释了这一论断。一个国家的资产阶层是否独立且重要,并不取决于其财富的多少,而取决于其获得财富的方式。

明清商人的钱赚得越来越多,可是他们的安全感却越来越少,他们始终没有培育出一种"商人精神",而造成这一现象的最根本原因是,从知识精英到他们自

---

① 参见章嗣衡的奏折及徐珂编撰的《清稗类钞》。

② 参见梁小民:《小民话晋商》,北京大学出版社 2007 年版。

③ 费正清:《美国与中国》,张理京译,世界知识出版社 1999 年版,第 46 页。

己，都不认同商人是一个独立的阶层，他们从来没有形成自己的阶层意识，这是最具悲剧性的一点，如费正清所言，"中国商人最大的成功是，他们的子孙不再是商人"。商人发达之后，便将主要精力倾注于几件大事：一是构筑错综复杂的官商网络，二是培育同族子弟攻考科举，三是重建宗族世家，所谓"以商致富，以宦贵之"。明代学者王士性总结道："缙绅家非奕叶科第，富贵难于长守。"也就是说，当一个商人完成财富的原始积累之后，或投靠结交权贵，或投资于本族子弟，促使他们通过科举考试，成为体制内的权势者，唯有如此才能"保卫"既得的荣华富贵。

被枪炮打破的"超稳定结构"

自明入清，治国者由满替汉，老百姓留起了辫子，可是治理逻辑则一以贯之，政治上愈来愈趋专制保守，经济上愈来愈趋官商专营，对外"铁桶阵"，对内散沙化，社会进步全然丧失动力。金观涛和刘青峰发明了两个词汇形容这一时期的中国——"超稳定结构"与"高水平停滞"，他们分别绘制了中国与西方的"科学技术水平累加增长曲线"，从这两张图中可以清晰地看出，到了 15 世纪之后，中国的增长曲线呈现长波段的水平停滞状态，而西方则进入爆发性增长阶段。他们因此得出了一个十分重要的结论：无论对于中国还是西方来说，科学技术结构和社会结构之间都存在着适应性。也就是说，制度大于技术，中国的经济和科技落后首先体现在政治体制和社会制度的不思进取。①

---

① 金观涛、刘青峰：《兴盛与危机：论中国社会超稳定结构》，香港中文大学出版社 1992 年版，第 302—303 页。

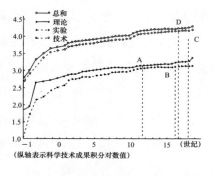

中国古代科学技术水平累加增长曲线

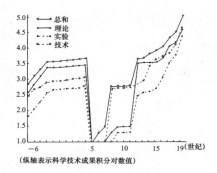

西方科学技术水平累加增长曲线

大清帝国前后延续了268年,其中,从1661年到1799年,凡138年,被称为"康乾盛世"。盛世的标志有三:一是人口的迅猛增长,由建国时约1亿增长到3亿;二是中央财政日渐丰腴,康熙去世时,国库盈余有800万两白银,雍正留下了2400万两,乾隆留下了7000万两;三是百年太平使得民间生活安逸,商人阶层由俭入奢,工商繁荣。在国史上,若以时间计算,"康乾盛世"仅次于"贞观—开元盛世"。

然而在社会进步的意义上,"康乾盛世"其实是大一统中央集权制度下的周期性复苏,中国社会仍然在超稳定的状态下平铺式地演进,在经济制度、政治制度和科学技术上没有发生任何实质性的突破。如果站在人类发展史的角度上,我们更会发现,这所谓的"盛世"实在是一个莫大的讽刺。在西方史上,17世纪是一个智力大爆发的时代,欧洲的思想家们在天文学、物理学、数学、社会学、哲学等多个领域进行了开创性的工作,并集体奠定了现代科学殿堂的基石。有人统计了全球最重要的369个科技成就,竟然有38%出现在欧洲宗教革命之初(1553年)到法国大革命初期(1789年)这段时间,比重之大,令人吃惊。正是在科技力的驱动下,欧美列国相继实现了对中国的超越,从1700年到1820年,美国的人均国内生产总值增长率为72%,欧洲为14%,全世界的平均增长率为6%,而中国的人均国内生产总值一直是零增长。到19世纪30年代前后,中国的经济总量仍然为全球第一，可是经济总量的增加全部来自于人口倍增的效应。①

观察这一时期的中西历史，可以得出两个重要的结论：

其一，在工业革命中，一个国家的财富水平和财富总量，与其工业化的时机、速度以及成功之间并不是简单的对应关系，也就是说，既有的经济总量绝不是唯一的决定因素。与之相比，技术革新构成了工业化进程的核心，然而在明清时期的中国，总体上缺少推动生产方式发生根本性变革的激励机制。

其二，工业革命和西方式的资本主义是以一种非常突然的方式"空降"到东亚地区的，它在社会和经济制度上都与原有的"基因"格格不入，作为被接受方，中国乃至东亚各国在心理、制度上所遭到的打击都是巨大而惨烈的，甚至是毁灭性的。

这一超稳定状态在 19 世纪初被打破，其原因仍然是外患和内忧。

先是因鸦片的非法输入，帝国在 1826 年第一次出现了贸易逆差——这一事实可以被看成中国经济被西方超越的标志性事件，白银大量外流，决策层试图通过禁烟的方式遏制外贸和货币状况的恶化，激烈、信息不对称的贸易摩擦导致了 1840 年的鸦片战争。关于这场战争，中西史界有不同的判断，中国学者大多将这场战争看成是彻头彻尾的侵略战争，是导致中国衰落的罪魁祸首。而西方学者则倾向于将战争看成是中国衰落的结果，而不是原因，正是这场战争让中国"摆脱"了闭关锁国的状态。卡尔·马克思在给《纽约每日论坛报》写的一篇文章中便认为："在英国的武力面前，清王朝的权威倒下，成为碎片；天朝永恒的迷信破碎了；与文明世界隔绝的野蛮和密封被侵犯了，而开放则达成了。"进入当代之后，即便是一些非常同情中国的学者，也从经济史的角度提出了这

---

① 安格斯·麦迪森：《中国经济的长期表现（公元 960—2030 年）》，伍晓鹰、马德斌译，上海人民出版社 2008 年版，第 37 页。

场战争的"不可避免性"。①

对国家治理造成的更大伤害来自内部。从 1800 年开始,北方地区爆发了白莲教运动,朝廷为镇压这一运动花去一亿两白银,国库为之半空。到 1851 年,南方爆发了规模更大的太平天国运动和捻军起义,战争前后持续十四年,国家财政为之支出约七亿两白银,相当于十年财政收入的总和。战争时期,由满蒙八旗和绿营组成的中央军屡战屡败,朝廷不得不允许下层汉族官员组织地方武装力量抵抗,曾国藩、左宗棠、李鸿章等人乘机崛起。这些地方军阀为了筹集军饷,在各商业市镇"设局劝捐"征收"厘金"。地方武装的壮大及厘金制度的出现,实为地方自治力量强大之始,自宋太祖之后九百年不复出现的"藩镇现象"死灰复燃。

在内外交困之下,治国者又走到了必须变革的悬崖之畔,此时的中国,虽然中央财政已濒临破产边缘,白银的稳定性遭遇挑战,西风东渐造成人心思变,但是维持大一统的基本制度却未遭到致命的挑战,在体制内进行改革的动力和空间仍然存在。很可惜的是,后来的改革者一次次作出了不可宽恕的"最劣选择"。

---

① 参见彭慕兰:《大分流:欧洲、中国及现代世界经济的发展》,史建云译,江苏人民出版社 2004 年版。

第八讲

洋务运动:缺乏现代性的现代化变革

在历代经济变革中，晚清洋务运动可谓最为凶险的一役。

当其时，外敌环伺，国力积弱，政府财政和民间财富几乎无以凭借。在改革范式上，这是史上第一次输入式改革，意识形态上的破冰难乎其难。而就经济来说，这又是本民族从千年农耕文明向工业文明转型的"惊险一跃"。李鸿章在变法之初就惊呼："我朝处数千年未有之奇局，自应建数千年来未有之奇业。若事事必拘守成法，恐日即于危弱而终无以自强。"[①]由此可见变革者当时的困局、心境及无奈。

洋务运动不是一场"迟到的运动"

后世史家常常喟叹，中华民族错过了近代工业文明的萌芽期，因而受到列强的侵辱。然而，若进行一次全球环视，答案也许会不一样。在中国开始洋务运动的 19 世纪 60 年代中期，后来成为全球最强经济体的三个国家——美国、德国以及日本——也刚刚完成了国家的统一，并相继开始它们的现代化之旅。

———————————

① 李鸿章：《妥议铁路宜折》，1880 年。

美国在 1865 年结束了南北战争,林肯总统虽然解放了黑奴,但种族隔离仍然持续,南北对峙情绪未消。在 1860 年前后,美国人口占全球人口总数的 3%,全美超过 8000 人口的城市只有 141 个,钢铁产量不足 100 万吨,欧洲的报纸直接将之比喻为"跟在英国、法国后面的小兄弟"。1865 年,后来成为美国首富、此时年仅 30 岁的安德鲁·卡内基在宾夕法尼亚州与人合伙创办卡内基科尔曼联合钢铁厂;就在同一年,李鸿章也向清朝廷递交了《置办外国铁厂机器折》。也是在这一时期,德国刚刚完成统一,1870 年,以"埃姆斯电报"事件为导火索,普法战争爆发,普军大获全胜,在巴黎凡尔赛宫宣布统一的德意志帝国成立。美国与德国分别在 1879 年和 1873 年宣布接受金本位制。

日本与中国进入现代化的时间更是惊人地接近,明治维新与洋务运动几乎同时拉开帷幕:1868 年 1 月 3 日,西乡隆盛率 2000 人从鹿儿岛北上,发动"王政复古"政变,推翻了德川幕府的统治,迎回明治天皇,日本进入维新时期。

通过比较便可以得出结论:中国的现代化并不是一场"迟到的运动",迟到不是落后的理由。洋务运动之所以会功败垂成,甚至一直到今天,中国仍然没有成为一个完全的市场经济国家,则有另外的原因。

以铁路为例:发展与稳定的取舍

从 19 世纪 60 年代到 1894 年前后,有 30 年左右的时间,清政府最高决策层就是否要开展洋务事业,陷入了长期而激烈的争论。正如我们在之前章节中所描述的,及至明清,拱卫中央集权的四大基本制度已"固若金汤",帝国以拒绝演化的姿态沉迷于盛世幻觉。因此,任何新的变化都可能对既有的制度构成冲击,而这显然是危险的。

以修铁路为例。从 1867 年之后,朝廷上下就为应不应该修建铁路吵翻了天。很多大臣认为,铁路是"惊民扰众,变乱风俗"的有害之物,修建铁路逢山开路、遇水架桥会惊动山神、龙王等神灵，招来巨大灾难。也有人提出，"以中国之贸迁驿传"，根本不需要铁路。

若上述理由可归于迷信或保守，那么，连一向支持洋务的曾国藩也反对修铁路，他的理由就完全出于制度性的考量。在曾国藩看来，铁路网络一旦修成，商品流通和人口流动势必大大加快，那么，运行数百年、基于男耕女织的小农社会结构将被彻底打破，新的贫富悬殊和社会动荡将可能发生。因而，无论是外国商人还是中国商人，只要修铁路都将使"小民困苦无告，迫于倒悬"，结果都是"以豪强而夺贫民之利"。曾氏之虑是典型的儒家思维，经济发展的终极目的，不是繁荣商贸，而是维持均衡，稳定政权，稳定永远被置于发展之上。

这两种思考在当时成为精英阶层的主流意识，铁路之争便不再是技术之争，而是意识形态之争了。1867 年 6 月 3 日的《纽约时报》就一针见血地评论道："实施这样一项伟大工程的最大障碍只能是清朝人民对所有外国人所抱持的敌意，以及他们自己的迷信思想。"历史学家史景迁认为："很多中国人认为铁路会破坏人类与自然的和谐，它们长长地切开大地，破坏了正常的节律，转移了大地仁慈的力量，它们还使道路和运河工人失业，改变了业已形成的市场模式。"①

1880 年年底，修建铁路之议又起。刘铭传、李鸿章分别上书力陈修路之必要，李氏"我朝处数千年未有之奇局"的警语便出现在这份《妥议铁路事宜折》中。可是，修路一事还是被顽强挡住。有人甚至上奏指责刘、李两人看上去很像是一对"卖国贼"。朝廷发上谕，驳回刘、李两人的建议。李鸿章仍然不甘心，他悄悄动工修建了开平煤矿至胥各庄段的运煤铁路，1881 年年底，这条约 11 公里的铁路建成后，他才正式奏报清廷，并有意将其说成是"马路"。更有意思的是，铁路修成后遭到了地方官吏和民众的强烈反对，一度只好弃用声响很大的蒸汽机车头，而用牲畜来拉运煤车，真的成了一条不伦不类的"马路"。到 1891

---

① 史景迁：《追寻现代中国》，黄纯艳译，上海远东出版社 2005 年版，第 302 页。

年,疆域辽阔的大清帝国铁路零落建设,总共才只有 360 余公里而已。相对比,小小日本国的全境铁路长度已超过 3300 公里。

以轮船招商局为例:国营与民营的取舍

如果说最高当局在意识形态上作茧自缚,那么,开明的洋务派则受困于官民之争。这在轮船招商局一案中淋漓体现。

1872 年,李鸿章为了在长江航运中抵抗外国轮船公司的势力,决意创办轮船招商局。筹备之初,面临缺钱少人的困境,李鸿章授意盛宣怀拟定章程,提出"官督商办"的企业制度,"由官总其大纲,察其利病,而听该商董等自立条议,悦服众商"。这是近代中国第一个规范意义上的公司章程,意味着政府与商人在资本的意义上第一次实现了对等。在李鸿章、盛宣怀的感召下,唐廷枢、徐润及郑观应等著名买办相继入局,投资并致力于公司的经营。经过十年左右的经营,轮船招商局在长江航运业务中击败美国和英国船务企业,取得骄人业绩,李鸿章视之为从事洋务事业后的"最得手文字"。

在民间资本和人才的热烈参与下,十多年的时间里,从造船业、采矿业、纺织业到航运业、保险业等,出现了许多"中国第一"的新兴企业。从 1882 年到 1887 年,在《申报》上刊载过股票买卖价格的共有 36 家企业,它们是近代中国的第一批股份制企业。这是洋务运动的第一个小阳春。

然而,便在此时,官商矛盾出现,唐廷枢、徐润、郑观应等人认为"官款取官利,不负盈亏责任,实属存款性质",如今企业已上轨道,政府自应退出,三人联名呈报李鸿章,希望将官款"依期分还",政府不必再派官员,招商局的盈亏责任从此由商人承担。

这一建议在李鸿章看来是无法接受的。这里面潜藏着洋务运动的一个内在逻辑冲突。

洋务派办洋务的唯一目标是"强兵富国"，因此在李鸿章看来，政府若从事商业，必须握有经营的主导权，并成为最大的获益者。引进民间资本及买办人才，都是资源缺乏情况下的权宜之计。然而，当民间的经济能量被激活后，又一定会提出放松管制的市场化要求。在这种情形之下，政府与民间的矛盾定会交织爆发。整个洋务运动时期，这一矛盾从来没有被化解。

1884年，上海爆发金融危机，房价大跌，徐润、郑观应等人曾利用主管招商局财务之便，私自挪用巨款炒作房地产，这时丑闻东窗事发。李鸿章乘机将这些买办"净身出局"，盛宣怀以官方代表身份，兼任督办和总办。徐润等人成为第一批因体制冲突而"牺牲"的"国营企业经理人"。

在后面的讲述中，我们将看到，在百年现代化历史上，先后出现过六次重要的"国进民退"事件，1884年的轮船招商局事件乃是第一起。美国华裔学者郝延平将此视为"官僚资本主义产生的转折点"，他在《中国近代商业革命》一书中评论道："1883年以后，不幸以盛宣怀为首的官僚紧紧掌握了官督商办企业（他们是中国工业化的早期先锋），在中国工业发展中，官僚主义开始比企业家精神起着更重要的作用。"①杨小凯在《百年中国经济史笔记》中，更是从制度建设的角度进行了反思：洋务运动是在政治法律制度意识形态不能根本变革的约束下进行的，因此以坚持清朝政府的政治垄断，没有司法独立和保护私人企业的法律制度为基础。洋务派官员坚持官办、官商合办、官督商办的制度，以此为基础来模仿发达国家的技术和工业化模式。这种方法使得政府垄断工业的利益与其作为独立第三方发挥仲裁作用的地位相冲突，使其既是裁判，又是球员，因此利用其裁判的权力，追求其球员的利益。这种制度化的国家机会主义使得政府利用其垄断地位与私人企业争夺资源，并且压制私人企业的发展。

轮船招商局事件后，洋务派官僚与新兴企业家阶层的"蜜月期"就此结束。在以后十余年中，洋务官僚为工业企业筹集资金变得更加困难，当时清政府的

---

① 郝延平：《中国近代商业革命》，陈潮、陈任译，上海人民出版社1991年版，第373页。

财政来源十分有限,全部税收仅占国民纯收入的 2.4％,民间资本的失望,使得洋务派的投资手笔越来越小。

中日对比：洋务运动与明治维新

在东亚地区,日本是中华帝国唯一从来没有征服过的国家。在百年现代化的历程中,中国与日本有三次站在相同的"成长线"上。第一次是 19 世纪 70 年代,两国几乎同时开始了洋务运动和明治维新;第二次是 1945 年,日本战败,中国抗战结束,两国俱受到巨大的战争创伤;第三次便是当前,两国经济总量相当,分列全球第二和第三。

日本在维新之初,也试图"西为日用"。吉田茂在《激荡的百年史》中写道:在出发之前,日本的改革家们曾预想用"西方的技术、东方的道德"或者是用"西方的学识、日本的精神"作为日本变革的方式。[①] 然而 1871 年 12 月的一次欧美考察,彻底颠覆了变革者的观念,让他们意识到,"这样的方式与实行近代化是相背离的"。伊藤博文描述自己的震惊是"始惊、次醉、终狂",他认定:"国家富强之途,要在二端,第一开发国民多数之智德良能,使进入文明开化之域。第二使国民破旧日之陋习,不甘居被动地位,进而同心协力于国家公共事务,建设富强之国家。"

在这一理念的引领下,日本进行了全方位的改革。先是改革教育制度,政府成立文部省,陆续发布《学制令》、《教育令》和《帝国大学令》,奠定了近代学制。第二是进行大胆的宪政变革,废藩置县,摧毁了所有的封建政权,同时组建议会,实行立宪,"万事决于公论"。明治政府于 1885 年实行内阁制,翌年开始制宪,1889 年正式颁布宪法,1890 年召开第一届国会,从而确立了君主立宪的新体制。

---

① 吉田茂:《激荡的百年史》,孔凡、张文译,世界知识出版社 1980 年版,第 22 页。

在经济改革上，1870 年 12 月，明治政府设立工部省，负责"监督和管理一切矿山；建设和保养一切铁路、电报线和灯塔；制炼和铸造各项企业使用的铜、铁及铅矿，并从事机器制造"。其后十余年，日本相继开办了横须贺制铁所、横滨制铁所、长崎制铁所、关口大炮制作所、石川岛造船所等国营企业，其景象可以与清王朝的洋务运动相互辉映。19 世纪 80 年代中期，就在李鸿章将轮船招商局重归官僚管制的同时，在日本则出现了一次十分坚决的民营化，明治政府认识到国有官营弊端太大，便毅然改弦更张推行民营化，明治维新启蒙者福泽谕吉疾呼："政府若为了富国，就认为可以做任何事情，与人民从事相同的寻常事业，甚至与人民竞争工商之成败，其弊极矣。"伊藤博文则认为，明治政府创办各种企业的目的之一，就是"示以实利，以诱人民"，当这些工矿企业在引进先进的生产技术和设备以及培养技术工人方面完成了历史使命后，政府就应该把这些官营企业售给民间商社。

正是在这种思路的引导下，政府相继把许多国营的工厂转卖给私营企业家。日本的这次国企私营化过程也非一帆风顺。大野健一在《从江户到平成》一书中记录道："除军需工厂之外的国营企业均被私营化。此时，对于国有资产被贱卖给一些有势力的商人（如五代友厚等）一事，使日本国内舆论哗然，骂声四起，到了 1881 年竟发展为政治丑闻。但事实是，私营化后的很多企业均通过裁员和追加投资等措施扭亏为盈。"私营化运动导致了日本经济的快速成长，并出现了三井、三菱、关西铁路等财阀型私人企业。1895 年，在甲午海战中获胜的日本获赔白银 2.6 亿两，加上掳获的战利品和现金，合银 3.4 亿两，相当于日本全国年财政收入的 6.4 倍。此笔巨资被大量用于修筑铁路，发展航运业、造船业和机械制造业，明显提高了交通和工业水平。同时，日本乘机进行币制改革，建立起与国际金融体系接轨的金本位制。[1] 中日国力差距从此越拉越大。

正是两种不同的路径选择，导致了这两个东亚国家后来截然不同的国运。

---

[1]　大野健一：《从江户到平成》，臧新远译，中信出版社 2006 年版，第 36 页。

商人与知识精英在体制外"会师"

洋务运动的第二个小高潮出现在 1894 年。

甲午战败给全体国民以极大刺激，梁启超尝言："唤起吾国四千年之大梦，实则甲午一役始也。"从此，以知识分子为主的维新派取代以中高级官吏为主的洋务派，成为变革的新主流，而工业化运动也由政府推动进而变为民间崛起。据汪敬虞在《中国近代经济史》中的统计，从 1895 年到 1898 年的 4 年中，全国各省新开设的资本万两以上的厂矿共 62 家，资本总额 1246.5 万两白银，远远超过甲午前 20 余年的总数，从增长速度来看，平均每年设厂数超过甲午前的 7 倍，平均每年的投资数则超过 15.5 倍。[①]

对于四大利益集团中的有产阶层而言，划时代意义的变化是出现了高级知识分子集体下海经商的景象，这其实意味着中国资产阶级作为一个有独立思考能力的群体的正式出现，其标志性的事件有二。

一是南通人张謇创办大生纱厂。这位 1894 年的恩科状元以"舍身喂虎"的勇气下海经商，并在短短几年内创建十余家关联企业，成为全国最大的纺纱工厂和民资集团，其对社会的激荡效应难以估量。费正清在谈及"张謇现象"时指出，19 世纪末，其实中国还没有资产阶级，"相反，正是这些维新派首创了资产阶级，或者可以说是发明了资产阶级。像张謇等士绅文人在中日甲午战败以后之所以突然开始投资办现代企业，主要是出于政治和思想动机。他们的行动是由于在思想上改变了信仰或者受其他思想感染所致。……中国的资本主义长期

---

① 汪敬虞主编：《中国近代经济史》，人民出版社 2000 年版，第 1504 页。

以来具有某种出于自愿的理想主义的特点"。①

二是商人在"东南互保"中扮演重要角色。1900 年,北方爆发反对帝国主义列强的义和团运动,慈禧试图借势驱洋,贸然对列国开战,八国联军攻入北京,慈禧携光绪西逃,是为"庚子国变"。为了防止战火南延,李鸿章、张之洞、刘坤一及袁世凯等南方四大总督对列国提出"自保疆土,长江及苏杭内地的外国人生命财产,由各督抚承诺保护,上海租界的中外商民生命财产,则由各国共同保护"的"东南互保"方案,张謇、盛宣怀、汤寿潜和沈曾植等人以民间身份斡旋于四大督抚和八国公使之间,最终达成妥协。在近现代史上,这是新兴的企业家阶层第一次公开参政,在政治上展现了自己的智慧和能力。同时也意味着中央政权至高无上的权威已经瓦解,皇权陨落,只是一个时间和方式问题。

"庚子国变"后,清廷签下了丧权辱国的《辛丑条约》,向列强赔款 4.5 亿两白银,分 39 年付清,本息共计 9.8 亿两,当时清政府的年财政收入约为 8800 万两,也就是说,条约规定的赔款相当于 11 年的全国财政收入总和,中央财政已实质性破产。代表朝廷签约的李鸿章被国人视为"千古罪人",过去 30 余年致力于实业兴国的洋务派在民间信用尽丧。

此后,慈禧突然"激进"地推动制度建设和经济开放。1903 年 7 月,朝廷设立商部,成为中央政府制定商事法及相关法律的主要机构,1904 年 1 月,颁布《钦定大清商律》,包括《商人通例》9 条和《公司律》131 条,这是现代意义上的第一部公司法。之后又相继颁布《破产律》和《试办银行章程》、《大清矿务章程》等。这些法律的拟订和发布,建立了第一套比较完整的商法体系,意味着在中国沿袭千年的特许主义,被现代商业的准则主义取代。在政策推动下,"民之投资于实业者若鹜",公司创办数量超过了洋务运动 30 年国家投资的总额。日本的中国问题专家安原美佐雄因此断定,1905 年是中国现代工业发展的新起点,

① 费正清、刘广京主编:《剑桥中国晚清史(下卷)》,中国社会科学院历史研究所编译室译,中国社会科学出版社 1993 年版,第 673—674 页。

即从"国家兴业时代"进入到了"国人兴业时代"。

同时,商部还仿照西方国家和日本的商会模式,颁布实施《商会简明章程》,倡导各地商人设立商务总会和分会。在此后的数年内,各地商会如火如荼,甚而控制产业及舆论,甚至部分地承担了政府的经济管理功能,成为一股活跃于民间的独立力量。1907年,全国80个重要的城市商会代表聚集上海,倡议成立了华商联合会,全国商会息息相关,联成一体。到1911年,全国各种商人组织近2000所,会董2.3万人,会员达20万人之众。

在商人阶层壮大及独立的同时,知识精英也被"释放"到体制之外。在1905年,最重大的国内事件是废除有1300年历史的科举制度,其决策过程非常匆忙,9月,张之洞、袁世凯等人会衔上奏,当月慈禧就下旨准奏。废除科举制一方面让中国精英阶层从落后、刻板的孔孟儒学中彻底解放出来,在知识体系和思想体系上向现代文明靠拢;另一方面,也意味着集权者失去了对全民思想及精英阶层的控制。科举制的废除,熄灭了一代知识青年对帝国的最后一丝眷恋,精英阶层从科举的既定轨道中散溢出去,很快衍生了一股反对的、无从把控的力量。一个可比照观察的事实是,1977年,中国进行改革开放之初,最早的一个变革措施就是恢复高考制度,将潜在的不满及反对力量纳入统治体系之内。在敏感的社会转轨时期,一废一复,颇可参研。

当商人与知识精英在体制的大门外"会师"之后,对既有权力结构的挑战便成为必然。

立宪运动:政治改革与经济改革的选择

正是在这样的时代氛围中,洋务运动进入第三个阶段,变革主题由经济领域迅速地向政治领域推进。

1904年,张謇为张之洞起草《拟请立宪奏稿》,一时间"奏请立宪之说,喧传于道路"，一场意在仿效日本的立宪运动拉开帷幕。也就是说，在市场化的经济改革行至半途之际，政治改革的需求呼之即出。与此同时，以孙中山为首的革命党人则试图以武力推翻帝制，改良与革命开始一场惊险的较量。

在朝野的共同推动下，1906 年 9 月 1 日，慈禧终于下达"预备立宪诏书"，同年 11 月，张謇等人在上海成立预备立宪公会，入会者都是一时精英。侯宜杰在《二十世纪初中国政治改革风潮：清末立宪运动史》一书中用大量的事实证明，体制外文人及商人阶层是立宪运动最强大的推动力。在推动立宪的过程中，各级商会形成网络，并逐渐学会英国式商会的自治和民主管理。在预备立宪公会等组织中，商人占明显优势。如侯宜杰所言，商人们认识到"今日中国之政治现象，则与股份公司之性质最不相容者也。而股份公司非在完全法治国之下未由发达，故振兴实业之关键在于通过立宪确立法治，限制政权，保障民权来改良政治环境与政治组织"。①

在民间热情被彻底调动起来的环境中，根本没有做好心理和制度准备的中央政府处在了无比尴尬的境地。在两年多的时间里，朝廷一再拖延召开国会的时间，甚至以"明图煽动，扰乱治安"的罪名查禁各地的立宪社团。民间失望情绪浓烈。1908 年 11 月，光绪、慈禧在两日内相继去世，朝野失去谈判的"最大公约数"。之后执政的"皇族内阁"全面排挤汉人大臣，武力弹压各地的立宪请愿活动。

就这样，清政府尽管在经济改革上表现出超乎寻常的激进和开放，但是在政治改革上则犹豫摇摆和缺乏远见，它相继失去了洋务派、维新派、知识分子以及工商阶层——几乎所有群体的信任，颠覆式革命已成必然之势。

1911 年，清政府宣布铁路国有化。甲午之后，大兴铁路渐成热潮，朝廷将之当成国策，民间看到巨大利益，国际资本也不甘失去机会，于是，铁路成了各方

---

① 侯宜杰：《二十世纪初中国政治改革风潮：清末立宪运动史》，中国人民大学出版社 2009 年版，第 113 页。

争夺和博弈的最大热点。从 1904 到 1907 年间,各省成立 18 家铁路公司,其中,13 家商办、4 家官商合办或官督商办,仅有 1 家为官办,数以十万计的民众购买了铁路股票。国有化政策对保护民间股份毫无考虑,政府只还给民间股东六成现银,另四成为无息股票,也就是说,投资人不但没有任何的投资收益,还承担了四成的损失风险。在中国的现代化历史上,这是继 1884 年李鸿章夺权轮船招商局之后,又一起严重的"国进民退"事件。

"路权回收令"颁布后,各省商民群起反抗,其中以湖南和四川最为激烈,长沙群众举行万人集会,并号召商人罢市,学生罢课,拒交租税以示抗议。四川组织保路同志会,宣誓"拼死破约保路"。四川总督枪杀数百请愿群众,民变骤生。清朝廷紧急抽调湖北新军驰援四川,导致武汉空虚,10 月 10 日,在同盟会的策动下,数百新军发动起义,星火顿时燎原。这就是推翻了千年帝王统治的辛亥革命。

洋务运动的制度性遗产

法国思想家托克维尔尝言:"对于一个坏政府来说,最危险的时刻通常就是它开始改革的时刻。"[1]洋务运动在实务层面取得了重要的成就,它全面重构了中国的产业格局,打下了一个基本完备的工业化基础,洋务派修建了铁路,架设了全国性的电报网络,建成了亚洲最大的钢铁联合体和船舶制造工厂,创办了银行和保险公司,勘探及开发全国矿产,拟定了第一份股份制公司章程,催生了第一部《公司律》。但是,洋务运动的先天性缺陷使它无法让中国真正地告别过去,我试从制度建设的角度提出它的四条缺陷。

---

[1] 托克维尔:《旧制度与大革命》,冯棠译,商务印书馆 1997 年版,第 210 页。

其一，缺乏制度上的顶层设计。

与之前乃至以后的经济大变革相比，洋务运动最特别之处是，它并非由中央政府自上而下地发动，而是由一些在地方任职的汉族官员自发地、缺乏组织性地各自展开，李鸿章、张之洞、左宗棠、袁世凯、盛宣怀等洋务派官员从来没有真正执掌过朝政，而慈禧及满族大臣则首鼠两端，一味以"维稳"为第一要义。因此，洋务派无法从体制设计的高度来完成制度性的顶层设计，变革的随机性很强，常常因人而异，非常容易变型或被打断。

其二，从未涉及财政、货币和土地政策。

这三大元素是历代经济变革的核心命题，成败得失俱因之于此。可惜的是，整个洋务运动时期，财政状况持续恶化，白银体系风雨飘摇，土地改革无从谈起，所有的变革只密集地发生在工业经济的领域里，我们可以视之为"增量改革"，而增量对存量没有形成根本性的替代效应，因此，变革虽然轰轰烈烈，却无法造成社会机制的转变，李鸿章晚年自嘲为风雨飘摇中的"裱糊匠"，确是实情。

其三，洋务运动不是一个普惠性的经济振兴运动。

从四大利益集团的获益分配来看，洋务运动本质上是一次有利于地方和工商阶层的分权式改革。对于亿万基层民众来说，经济改革如久旱闻雷声，雷声颇隆，却滴雨未落，因此缺乏对改革的支持热情。尤为关键的是，中央政府从来没有在改革中得到经济利益，在整个工业化过程中，朝廷的收入仍然依赖于农业税、盐税和关税，在最高执政集团看来，他们既要承担改革的成本风险、制度风险，又要承担道德风险，却看不到政权因此巩固的迹象，甚至到后期，改革诉求已俨然危及政权本身。所以自始至终，朝廷一直对改革抱持敌意和戒心，成为最被动的一个集团。相对的，那些启动或参与改革的人倒成了最大的获利阶层，盛宣怀、李鸿章家族都因此富甲一时，成了权贵贪腐的典型。

其四，现代化有余，现代性不足。

任何经济变革都是政治理念在经济领域的投射性体现，经济制度是政治制度的影子，影子无法背叛本体。早在 19 世纪 70 年代，李鸿章就认定"中国文武制度，事事远出西人之上，独火器万不能及"。到 1894 年，张之洞仍然提出"中学为体，西学为用"，二十余年思想几无进步。因而，政治体制的改革严重滞后。等到民间喧嚣于立宪之际，政府却没有任何的预备，一味拖延弹压，导致温和改革的"时间窗口"猛然关闭。

两个民国：从极度自由到"统制经济"

民国时期长 38 年,只比隋朝多了一年。这 38 年中,其实有两个民国:1911 年到 1927 年的北洋民国,1927 年到 1949 年的国民党民国。这两个民国在经济上进行了两次截然不同的试验:第一次是大自由、大混乱的试验,第二次是重归中央集权的试验。国民党把它的宏观经济治理模式称为"统制经济",即有计划的商品经济,或者说是国家资本主义。

民国初建的时候,无论是政治制度、国民思想还是经济制度,一切坚硬壁垒都烟消云散了,那是中国知识精英阶层思想最混乱和最活跃的时期,他们不相信两千多年来所形成的文明体制能够继续带领我们往前走,所以要切断身上的尾巴,反对一切传统,与祖宗告别,要"打倒孔家店",甚至有人提出要废除汉字,从此不读中国书。如此激烈的文化姿态是春秋时期以来前所未见的。

四个基本制度的全面崩坏

民国时期,维持大一统的四个基本制度出现了全面的崩坏。从孙中山和袁世凯起,中央就对地方失去了完全的控制力。1916 年袁世凯去世后,地方军阀更是脱离了北京的领导,拥兵自重,以邻为壑,倡导"联省自治"。对全民思想的控制也松动了,年轻人怀疑和摒弃一切传统,"四书五经"皆成腐朽之物,连孔夫子都被打倒在地了,除了宗族意识之外的民间知识及信仰体系日渐疏松。社会精英则全部流散到了体制之外,自科举被废除后,再没有行之有效的官员选拔和推举制度,人才在民间大流动,独立的知识分子阶层在春秋之后再一次集体出现,成为统治系统外的活跃力量。在宏观经济治理方面,由于产业资源被民间掌握,政府对关键性行业的控制力降到了最低,出现了放任自流的市场经济。

基本制度的全部瓦解,意味着中央集权已没有任何着力点。这是自"五胡乱华"的南北朝以来,1400 年间第一次出现"中央权力真空"。于是,这段时间成了一个绝对自由,而自由又变得十分吓人的时代。在思想史上,这是春秋战国、魏晋南北朝之后的第三次思想大解放时期,百花齐放、百家争鸣,其间涌现出的杰出人才灿若星河,许多影响深远的思想家、艺术家、军事家都出现于这一阶段,重要的五四运动爆发于此际,中国共产党亦诞生于此际。

延续了两千年的旧的治理模式不复存在,然而,在大动荡的同时,建设性的理论和模式却没有出现,共和政体在中国的诞生,很像一个匆忙制造的"仿制品"。

空前强大的民营经济

在北洋政府时期,民间企业家空前活跃并控制了重要的产业领域,国史之上,与之堪对应的,仅有汉初的"文景之治"。在产业上,出现了一些重大的变化。

最重要的事件是金融业的民营化。

一个国家是不是一个完全的市场经济国家,金融业的自由化程度是关键性指标。1915 年,袁世凯称帝,蔡锷在南方起义,北洋政府为扩大军备,大肆印发巨额钞票,导致纸币贬值,财政部为应付危机,宣布将两大发币银行——中国银行和交通银行合并，期间两行停止兑付。中国银行上海分行公开违抗停兑令，这就是经济史上非常著名的"中行事件"。袁世凯称帝未遂身死，与副总统冯国璋关系密切的梁启超被任命为财政总长，在他的全力支持下，中国银行成立股东会和董事会，总裁、副总裁从选举产生的董事中选拔，同时扩大招募商股，经过三次扩募，到1922年，民营资本已占股本总额的99.75%，昔日的中央银行竟然就此实现了完全的民营化。受中行模式影响，交通银行也由官办变民营。

中国银行的股东们还把总部迁到了上海，当时的经济界有一个共识，即希望学习美国，将政治中心与经济中心南北分立，以免互扰。上海的12个银行家还发起组建了上海银行公会，这些银行家大多出生于19世纪80年代，此时年龄不到40岁，而且全数受过现代金融教育，多数毕业于欧美或日本的名校。在他们的斡旋下，各地公会联合组成了全国银行总会，它成为一个可以与北京中央政府公开博弈、直接影响金融政策的银行家集团。有一例可见他们的独立性和影响力：1920年秋，中央政府决定发行政府债券，上海银行公会以旧债券清偿不力为理由，拒绝认购所有债券。中央政府只好派代表与银行家们谈判，最后同意建立统一的国债基金会，将关税余额作为偿债基金，再由英国人掌控的海关总税务司作为第三方进行管理。中央权威一地鸡毛，可见一斑。

除了金融业，企业家集团还控制了重要的生产资料市场。

当时中国的工业经济中，纺织业和面粉业为最大产业。1910年之后的十年间，日本商人一度控制了这两大产业的现货和期货交易市场，在1919年的"五四运动"之后，荣宗敬等人相继组建了由中国商人参股的面粉交易所和纱布交易所，所有会员齐聚一堂，宣誓与日商决裂，由此夺回了生产资料的价格控制权。1920年7月，虞洽卿创办上海证券物品交易所，票券、棉花、布匹、粮油等均可在此交易，是为中国第一家正规的证券物品交易市场。

在空前自由的市场环境中，涌现出一大批在当时全球商业界都堪称一流的企业家，如棉纺和面粉业的荣宗敬、荣德生兄弟，纺织业的张謇和穆藕初，航运业的卢作孚，银行业的张公权和陈光甫，化工业的范旭东，火柴业的刘鸿生，水泥业的周学熙,百货业的郭乐和马应彪,出版业的张元济,等等。

在这一时期出现的实业投资热,是中国的第二次工业化浪潮。与上一轮的洋务运动时期相比,它有明显不同的特征。洋务运动的主角是洋务派大臣以及附庸于他们的官商,其工业化的特点是对军事工业的关注,优先发展重工业,以国营资本为主力,创办大型企业为主轴,到后期则把重点放在铁路、矿务和钢铁等资源性领域。洋务运动因而奠定了中国近代重工业的基础。此次工业化则是一次民营资本集体崛起的盛宴,它的主角是以赢利为主要动力的新兴企业家,他们投资的产业主要集中于民生领域,以提供消费类商品为主,面大量广的中小企业是最有活力的主流力量。在此期间,中国完成了轻工业和服务业的布局。这一特征与1978年之后的中国民营公司的成长路径惊人的类似。

中国民族经济的基础,就是在这一时期基本奠定的。从经济增长率的数据上看,尽管有不同的统计结果,但是,高速增长是一个不争的共识,根据国内学者的计算,工业增长率在1912年到1920年间达到13.4%,1921年到1922年有一短暂萧条,1923年到1926年为8.7%。[①] 美国的经济史学者托马斯·罗斯基指出,1912年到1927年中国的工业平均增长率高达15%,在世界各国中处于领先地位。在近百年的现代经济史上,这样的高速增长期只出现了三次,其余两次分别是20世纪50年代的第一个五年计划(1953—1957年)和1978年之后的改革开放时期。

地方自治的试验

中央集权赢弱,意味着地方自治空间的加大。北洋政府时期出现了三种自治的试验:

---

① 杨小凯:《民国经济史》,《开放时代》2001年第9期。

一是军阀自治。如张作霖父子在东北、阎锡山在山西、李宗仁在广西、陈炯明在广东,都进行了大规模的经济建设,号称"模范省"。其特点是:产业务求完备,自成一体;注重农业、教育和基础设施投资;以邻为壑,家国不分。这都是诸侯经济的典型表现。如统治山西三十余年的阎锡山曾创作《努力实现歌》:"无山不树林,无田不水利,无村不工厂,无区不职校,无路不整修,无房不改造,无人不劳动,无人不入校,无人不爱人,无人不公道。"宛如桃花源或社会主义的理想图卷。他在山西境内修铁路,刻意不采用 1.435 米的标准轨道,而修 1 米窄轨,其意就是"闭门成市"。

二是商人自治。民国初年,各地的咨议局以及商人总会拥有财力和武装力量,声势强大。1923 年 3 月,汉口总商会向国内各主要城市的商会发出了一份《保护商埠安全议案》,提出仿效中世纪欧洲的汉萨同盟,建立一个"真正的城市联盟"。1924 年,直系、皖系军阀交战,上海的行政体系全数瘫痪,时任总商会会长的虞洽卿发动声势浩大的募捐活动,平定混乱局面,他大胆提出"废使、撤兵、移厂"三项主张,要求建立上海非军事区,段祺瑞政府任命虞洽卿为淞沪商埠会办,一时成为上海最高行政首脑。在以后的三年里,总商会成了上海的实际管理机构。企业家阶层的参政和自治理念得到了自由派知识分子的呼应,胡适、丁文江等人提出了"好人政府"的概念,所谓"好人",就是知识分子和企业家阶层,"即以从事农工商业及劳动者执政,而除去现在贵族军阀官僚政客等无职业者执政"。

三是建设模范城市或实验公社。此举以南通张謇为最杰出的实践者,从1903 年开始,张謇就致力于家乡南通的城市建设,大生纱厂的很多利润都被他投入到了公共事业上。张謇在这里创办了中国最早的师范学校、话剧剧场和图书馆,南通成为当时全国最出名的新兴城市之一,梁启超称之为"中国最进步的城市"。1922 年,朱葆三在上海郊区购置 1000 亩地,设想建造一个类似南通的实验城。而荣家兄弟则尝试着在无锡的工厂里搞一个"劳工自治区"。后世以他们为榜样的,有重庆北碚的卢作孚和福建集美的陈嘉庚等。

从 1894 年张謇下海从商到 1924 年虞洽卿"会办"上海,这 30 年是中国商人阶层的光荣时期,他们逐渐控制了几乎所有的重要产业,并在民间拥有强大且正面的影响力——1922年,北京、上海的报纸举办"成功人物民意测验",投票选举全国"最景仰之人物",70岁的张謇得票数最高。两千年以来,商人阶层在国家事务中的重要性,此前从未达到过如此的高度,之后也望尘莫及。

然而,由军阀、商人及自由知识分子共同参与的这些自治试验,最终都被证明是无效的。其根本原因在于,它们因缺乏广泛的民众基础和政治理论支持,而显得幼稚和缺乏持续性。在一个现代国家,自治政府及议会制度的真正确立,需要自由或稳定的社会环境,在那样的社会内部,各种利益集团以公平协商的方式共存,可是,在20世纪20年代的中国,内乱远未停止,暴力随时可能打断和平的努力。因此,白吉尔把这一时期的失败,称为"一个不自由年代中的自由主义的失败",她评论道:"资产阶级的作为,通常显得模棱两可,缺乏条理和毫无效力,在某种程度上,是由于它所处的政治地位的性质不那么明确的缘故。"①

被欢呼回来的独裁者

1926年9月,偏踞广东十年之久的国民党军队在蒋介石的率领下宣誓北伐,竟在短短的一年内就占领上海、定都南京,继而攻克北京,迫使东三省"易帜",在形式上重新统一了中国。中华民国进入国民党统治的时期。

蒋介石军事冒险的成功,在政治上,实得益于人民对大一统的渴望。在经济上,则是自由商人阶层在工商冲突中的误判以及对暴力政治的妥协。

在洋务运动之前,中国并不存在工人阶层,随着近现代工业的成长,劳工人

---

① 白吉尔:《中国资产阶级的黄金时代(1911—1937)》,张富强、许世芬译,上海人民出版社1994年版,第247、239页。

数迅猛增加,在 1913 年,中国产业工人约 60 多万,到 1924 年前后人数已经超过 500 万。诚如马克思所控诉的,"资本来到世间,从头到脚,每个毛孔都滴着血和肮脏的东西",跟所有进入工业社会早期的国家一样,中国工人的生存现状是悲惨的,因此,反抗性的罢工事件屡见不鲜,可查的数据显示,从 1914 年到 1919 年"五四运动"前,全国工人罢工 108 次,尤其是 1916 年后,罢工次数逐年增加。

然而,工人阶层从来没有被看成是一股完整而独立的力量。只有极少数人意识到了它的重要性,而这些人大多读过马克思和列宁的著作,并信服他们所提出的阶级斗争理论。真正把工人当成一股独立力量来倚重的正是新成立的中国共产党。1921 年 8 月,就在建党一个月后,中国共产党在上海就迅速成立了领导工人运动的机关——中国劳动组合书记部。1922 年 5 月,劳动组合书记部发起在广州召开第一次"全国劳动大会",到会 173 人,代表 110 多个工会、34 万有组织的工人。1925 年 5 月,在广州召开的第二次"全国劳动大会"上,正式成立了中华全国总工会。独立的工人阶级出现了,而共产党则成了他们的领导者和利益代言人。

面对工人阶级的崛起,商人集团表现得无所适从,双方矛盾很快以血腥的方式呈现。1925 年 5 月 30 日,上海爆发"五卅惨案",共产党人领导的总工会与虞洽卿领导的总商会成为尖锐对立的两大阵营,前者以"打倒帝国主义"、"打倒军阀"、取缔租界等激进目标为号召,鼓动风潮,站在道义的高地之上,后者则试图"大事化小,小事化无,缩小事态,平息风波",被基层民众视为"走狗"和"商贼"。在意识形态的强烈引导下,非常脆弱和不成熟的中国市民社会内部出现了分裂,商人阶层与劳工阶层突然形成了对立的局面。

放眼世界工人运动史,任何进入工业化的国家在转型期都出现过劳资对立的激烈景象,马克思认为这是不可调和的矛盾,并因此预言资本主义即将灭亡。正是在这一理论的指引下,20 世纪出现了汹涌壮观的社会主义运动,构成了这一世纪最重要的"人类遗产"。如今看来,马克思的这一预言并没有自我实现,绝大多数国家通过独立工会制度、社会福利制度以及议会制度等制度建设，解决了这一社会问题。然而，在 20 世纪 20 年代中期，中国的商人阶层没有足够的智慧与耐心，他们选择了与暴力政治结盟的解决方式。

1927 年春天，以虞洽卿为首的上海总商会与新的军事强人蒋介石达成政治合约：商人向蒋提供足够的资金，后者则以武力镇压"暴乱"的工人组织和共产党组织。3 月 26 日，蒋介石军队进入上海，4 月 12 日就发生了武力镇压上海总工会的"四·一二"事件，逾 5000 人被枪杀或失踪，这是自镇压太平天国运动以来，60 多年中最大规模的政治屠杀。从此，共产党的主要活动向农村转移，由"工人党"逐渐演变为极具中国特色的"农民党"。

在中国现代史上，这是一个具有转折意义的事件。自晚清以来，从洋务派、维新派到立宪派和自由主义学者，几乎整整两代人试图以渐进变革的方式把中国带入富强的轨道，甚至到北洋军阀执政时期，尽管贿选、武力倾轧丑闻不断，但始终没有越出议会制度的体系底线。但是，这一原则在 1927 年的春夏之交，被中国最优秀的商人精英所抛弃。白吉尔评论道："这些人是资产阶级中最拥护民族主义，也最现代化和较具有民主理念的分子……在 1927 年，中国的资产阶级不仅是对无产阶级的背叛，同时也是对其自身的背叛，由于他们放弃了一切政治权利，便很容易受到国家权力的打击，而这种权力又正是由其帮助才得以恢复的。"[①]

国民党的经济主张

与北洋政府相比，国民党政府最大的区别是有主义、有信仰，对国家治理有

---

① 白吉尔：《中国资产阶级的黄金时代（1911—1937）》，张富强、许世芬译，上海人民出版社 1994 年版，第 261 页。

系统性的思考和道统上的自信。就经济主张而言,国民党从诞生之日起便是国家主义的信奉者,发展国营经济,节制民间资本,乃其一贯的基本经济主张。在经济增长模式上,国民政府推行的是坚定的、优先发展国营企业的战略。

国民党政府的计划经济思想来源于"国父"孙中山。他历来主张大力发展国营经济,使国家资本在整个社会经济中占主导地位。在《孙中山全集》中处处可见类似的表述,"如欲救其弊,只有将一切大公司组织归诸通国人民公有之一法,故在吾之国际发展实业计划,拟将一概工业组成一极大公司,归诸中国人民公有"、"何谓制造国家资本呢? 就是发达国家实业是也"、"中国国民党的民生主义,就是外国的社会主义"。

孙中山的经济理论中,最显眼的是主张土地国有化和实行土地单一税。1902 年《民报》宣布革命的六大主义中,第三条就是土地国有,孙中山还将之与"井田制"联系论述,"中国自三代以来,已有井田之义,我国革命之后成立民主政府,当可借镜古义而实行土地国有"。到 1912 年,孙中山仍然秉持此论,他说:"余乃极端之社会党,甚欲采择显理佐治氏[1]之主张施行于中国,中国无资本界、劳动界之争,又无托拉斯之遗毒。国家无资财,国家所有之资财,乃百姓之资财。民国政府拟将国内所有铁路、航业、运河及其他重要事业,一律改为国有。"[2]

南京国民政府成立后,对外宣示经济主权,对内强调中央政府的干预职能,表现出一个集权型政权的基本特征。

1928 年 7 月,美国与国民政府达成协议,同意中国关税自立。随后英、法、日等国相继宣布承认中国的海关自主权。1931 年,国民政府废除了流弊深重的厘金制度。这两大举措,为建立一个统一的国民经济体系创造了至关重要的条件。

---

[1] 今译亨利·乔治,美国 19 世纪末期的知名社会活动家和经济学家,主张土地国有化。

[2] 张朋园:《梁启超与清季革命》,吉林出版集团有限责任公司 2007 年版,第 162 页。

在宏观经济政策上，蒋介石主张"中国经济建设之政策，应为计划经济"。在政府发布的《训政时期施政宣言》中，就明确写道："若夫产业之有独占性质，而为国家之基本工业，则不得委诸个人，而当由国家经营之。此类事业，乃政府今后努力建设之主要目标，并将确定步骤，以求实行。以国民急切之需要而言之，必须首谋开发社会经济所赖以为发动之基本工业。"那么，所谓的"基本工业"又包括哪些产业领域？在与《训政时期施政宣言》配套的《建设大纲草案》中有详尽的列举："凡关系全国之交通事业，如铁路、国道、电报、电话、无线电等；有独占性质之公用事业，如水力电、商港、市街、市公用事业；关系国家前途之基本工业及矿业，如钢铁业、基本化学工业、大煤矿、铁矿、煤油矿、铜矿等，悉由国家建设经营之。"所列领域，均为能源、资源型的上游产业，很显然，这种思路与晚清李鸿章、盛宣怀的国营理念，乃至以后中国共产党的经济政策皆有相似之处。

不过，1928 年前后，关于国家主义与自由主义，曾经发生过激烈的争论。毕竟在过去的十六年里，民营资本得到了很大的发展，如今改弦更轨，事关重大的国策变更与利益调整。在当年 6 月份的全国经济会议上，各项产业议题的讨论都出现了分歧，有人主张"遵总理（孙中山）计划，将钢矿、油矿及各特种矿收归国有，以实谋利益均沾政策"、"厉行收归官办，实为治本办法"，有人则认为"欲铁路发达，政府宜放弃国有政策，除个别重要干路外，悉委诸商办"、"实施矿业自由主义，并力行监督保护政策"，还有一种妥协的方案是，"由政府韧办，一旦办有成效，再行售归商办"。

在明确的经济思想的引领下，理论与口号迅速被文本化为一个个看得见摸得着的发展计划与运动，在《建设大纲草案》之后，政府又先后拟订"基本工业建设计划"（1928 年）、"实业建设程序案"（1931 年）、"国家建设初期方案"、"实业四年建设计划"（1933 年）、"重工业五年计划"（1935 年）、"中国经济建设方案"（1937 年）、国民经济建设运动等。许多大型的冶金、燃料、化工、电气及军工企业在这段时间创建，构成了一个国营工业高速发展的高峰期。1928 年至 1937年，在经济史上有时候也被称为"黄金十年"。在这十年里，工业经济增长率平均达到 8.7%（也有学者计算为 9.3%），为现代中国史上经济增长较快的时期之一。①

若放眼全球，我们必须说，国民党的国家主义之所以能够成为主流选择，还与当时的世界经济形势颇有关系。在 20 世纪 20 年代后期，欧洲和北美都爆发了严重的经济危机，各国先后推行国家控制重要产业、优先发展重工业的政策，以"大炮代替黄油"。其中，希特勒在德国、斯大林在苏联的成就最为巨大，两个超级军事和经济强国相继崛起。美国也在 1929 年陷入了著名的"大萧条时代"，整体经济水平倒退至 1913 年，罗斯福担任总统后实行新政，同样以国家管制和优先发展重工业为战略，带有强烈的国家干预主义倾向。发生在德国、苏联以及美国的这些景象，无疑深刻地影响了中国的变革思潮。

挤压民间资本的五种办法

南京国民政府成立之后，对自由商人群体的政策性挤压和剥夺便已开始，尽管这些商人是北伐最大的"金主"，但他们的存在无疑是国营化政策最大的障碍。

打击是从多个方面分步骤地展开的：一是彻底瓦解企业家的组织体系，二是用看上去无比优惠的国债政策将之完全"绑架"，三是控制生产资料市场，四是利用经济危机扩大国营事业，"收官之作"则是银行国有化。

第一步，组织瓦解。1927 年 7 月，蒋介石颁布法令，宣布所有上海市的商业组织都要受到上海市社会局的监督，行业间一切商业上的争端，都要由市政府来解决。上海市国民党党部成立救国会和商民协会，逐渐取代上海市总商会的

---

① 费正清主编：《剑桥中华民国史（上卷）》，杨品泉等译，中国社会科学出版社 1994 年版，第 61 页。

职能。国民党还在报纸上发动攻势,形成巨大的舆论压力,总商会被认定为"帝国主义的走狗",其主事者则是卑劣和可恶的卖国奸商。到 1929 年,国民党中央执行委员会以"统一商运"为由,成立上海市商人团体整理委员会,包括上海总商会在内的所有民间商业团体一律停止活动,将一切会务统交由国民党领导的"商整会"。这一做法被普及至全国各商埠城市,《剑桥中华民国史》一书中评论道:"自 19 世纪以来使这些组织得以管理各城市社区的发展方向,被粗暴地扭转了。"①

第二步,国债绑架。北洋政府时期,政府的国债发行十分困难,银行家们常常以此来要挟政府。金融家出身的财政部长宋子文重新设计了国债发行的规则:当政府宣布发行一笔国债时,先将这些国债存入认购的银行,以此从银行取得现金贷款,一般来说,政府取走的现金相当于存入债券票面价值的一半。同时,允许银行将债券直接投放到证券交易所进行投机交易。这种优惠的政策让全中国的银行家趋之若鹜。问题是,当新一轮国债发行时,政府根本无法用现金偿还,便以新债抵充旧债,各银行从此陷入"循环式的陷阱"。根据民国学者章乃器在《中国货币金融问题》一文中的计算,到 1932 年前后,银行所持有的全部证券中的 80% 都是政府国债。因为有那么多钱借给了政府,他们不得不乖顺地坐到同一条船上,平等关系从此终结。中国经济史专家王业键因而评论道:"上海银行家的这种合作不仅解决了政府的经济困难,而且加强了政府对商业界的控制力量。当各个银行的保险柜里塞满了政府的债券时,也就是他们在政治上积极参与了这个政权的表现。"②

第三步,控制证券市场。1929 年 10 月,国民政府颁布《交易所法》,规定每一地区只准有一个有价证券的交易所,其他的交易所一律合并在内。虞洽卿对

---

① 费正清主编:《剑桥中华民国史(上卷)》,杨品泉等译,中国社会科学出版社 1994 年版,第 906 页。

② 参见王业键:《中国近代货币与银行的演进(1644—1937)》,台湾"中央研究院"经济研究所 1981 年版。

蒋介石北伐支持最大,此次他的上海证券物品交易所成整顿重点,棉纱交易率先被并入国营的纱布交易所,随后,证券部分并入证券交易所,黄金及物品交易并入金业交易所,到1933年秋,证券物品交易所被整体并入上海华商证券交易所。

第四步,利用经济危机,大量收编民营企业。1934年前后,国内爆发金融危机,孔祥熙、宋子文等人乘机把手伸向民营工业,国营事业集团通过接收、控股等手段进入原本以民营资本为主的大量轻工业领域,如烟草业、粮食加工业等。

最后一步,银行国有化。在1935年之前,中国金融业的主动权仍牢牢握在私人银行家手中。全国银行总资产的89％掌握在上海银行同业公会的成员手中,其中,中国银行和交通银行的资产占全国银行总资产的三分之一。1935年3月,孔祥熙以拯救实体经济为名,要求同业公会购买一亿元的定向国债。其后,他突然宣布,政府出于管制的需要,要求中国银行、交通银行增发股票,一亿元国债将不再按原来设想的贷给工商业者作救济之用,而是要用来购买两行的股票,政府跃升为第一大股东。此后半年,中国通商银行、四明商业储蓄银行和中国实业银行等相继被政府控股,国营资本在全国银行中的资产比例从不到12％猛增到72.8％。

1935年的银行国营化,是中国现代化历程中第三次"国进民退"事件。美国学者帕克斯·小科布尔在《上海资本家与国民政府》一书中写道:"这次对银行界的突然袭击,就政府与资本家之间的关系来说,是南京政府统治的十年中最重要和最富有戏剧性的一次大变化。"[1]王业键也有类似的观点,他评论道:"这个事情不仅表明了政府对中国金融界的完全统治,而且也说明了企业家作为一个有力量的阶层是终结了。"

正是通过七年的系统性整肃,中央政府重新掌握了国民经济的主导权,政

---

[1] 帕克斯·小科布尔:《上海资本家与国民政府》,杨希孟译,中国社会科学出版社1988年版,第218页。

治、军事和经济的集权效应呈现。1935 年 11 月,在对银行业完成了国营化改制后,孔祥熙宣布进行法币改革,规定从次日起,推行金本位制,全国的货币统一为法币,从此,确立了统一的现代货币制度。到 1937 年,全国有近 4000 家现代工厂、1 万余公里铁路、11.6 万公里公路、12 条民航空运线路、8.9 万公里的电话线和 7.3 万个邮政局。在经济建设上,中国已经变成了另外一个国家。

1945 年之后的经济政策失误

国民党政府的经济建设在 1937 年被日本侵华战争打断,在后来的八年抗战中,国民经济遭到毁灭性的破坏。抗战胜利后,国民政府在举国人民的热切期盼之下,由重庆回迁南京,然而时隔不久,这个政权就被人民抛弃,国民党人在产业政策、货币政策、财政政策及土地政策上的失败值得反思。

"二战"后,在各沦陷区等待接收的日伪产业约为四万亿元,这几乎是当时中国的九成家产。在中央政府内部,对敌产的接收模式产生了重大的分歧。

以翁文灏、何廉为首的经济部拟订了一份名为《第一个复兴期间经济事业总原则》的方案,其基本的原则是实行"混合经济"模式,提倡国营、私营和积极引进外资投入的多种经济成分共存。该方案还特别强调把国营企事业的范围限定在军工、造币、主要铁路和大规模的能源动力经营以及邮政电信等重要公用事业方面。鼓励私营企业在政府经济建设总计划的指导下发展,并由政府在财政、运转设施等方面给予援助,且在实际经营中,享有与国营企业平等竞争的地位、权利和义务。该方案在最高国防委员会上表决通过,并公告天下。

然而,宋子文领导的行政院和财政部则对该方案持坚决的反对意见,仍然坚持战前的统制经济立场。在他的主导下,一大批以"中国"为名号的国营垄断企业纷纷挂牌诞生,如中国盐业公司、中国蚕丝公司、中国植物油料公司、中国造纸公司、中国纺织建设公司、中国茶叶公司、中国石油有限公司、中国渔业有限公司、中华水产公司、中华烟草公司，等等。它们以"划拨"的方式无偿得到了数以千计的、质量最好的资产，据经济部统计，到 1946 年 6 月，已经接收的 2243 个工矿企业中，作"拨交"处理的就高达 1017 个，标卖给民营的只有 114 个，还不到接收工厂总数的 5％。从产量计，国家资本控制了全国 33％的煤，90％的钢铁，100％的石油和有色金属，67％的电力，45％的水泥，37％的纱锭，60％的织布机，此外，铁路和银行早已被完全掌握，一个强大而垄断的国家资本主义格局全面形成。

敌产国营化，可以被看成是第四次"国进民退"事件。杨小凯在他的《百年中国经济史笔记》里评论道："不幸的是，抗战胜利后，这些日本私人资本大多被转化为中国的官僚资本，不但在接收过程中因贪污和不同单位争夺资产而受损，而且以后成为官商不分、制度化国家机会主义的工具……这个国营化也是中国后来制度化国家机会主义的基础，它成为经济发展的主要制度障碍之一。"

国营化政策导致了几个后果，第一，国营事业效率低下，到 1947 年，从日伪接收过来的 2411 个工业企业，只有 852 个实际上恢复了生产。第二，民间企业家阶层对政府彻底失望。当时最大的私营集团控制人荣德生向政府上书，他写道："若论国家经济，统治者富有四海，只须掌握政权，人民安居乐业，民生优裕，赋税自足……能用民力，不必国营，国用自足。不能使用民力，虽一切皆归官办，亦是无用。因官从民出，事不切己，徒然增加浪费而已。"荣德生的这段表述可圈可点，至今是普世道理，可惜不为当政者闻。第三，工业萧条造成失业人口大量增加，城市罢工事件猛增。在抗战开始前的 1936 年，全国有记载的罢工及劳资争议为 278 起，可是到 1947 年，光上海一地就达 2538 起，苏珊娜·佩珀在《剑桥中华民国史》中写道："政府经常指责工人闹事是共产党职业鼓动家促使的。……然而，这些争论问题是现成的，任何人都可有效地加以利用。"[1]

---

① 费正清、费维恺主编：《剑桥中华民国史（下卷）》，刘敬坤等译，中国社会科学出版社1994 年版，第 846 页。

相比产业经济上的国营化运动,中央政府在货币政策上的失误更加严重。

战时,在中国市场流通的货币主要有两种,一是重庆蒋政府的法币,一是南京汪伪政府的中储券,在 1945 年,两者的兑换比率大体是 1：50。11 月 1 日,官定兑换率开始实行,比值却是 1：200。此案一出,2.57 亿的沦陷区人民几乎在一夜之间集体破产,上海流行民谣曰:"昨天放炮(爆竹),今天上吊。"此次兑换政策的失误后患无穷,它不但让数亿人对蒋介石政权信心大失,而且直接导致了全国性的通货膨胀,货币政策变得弹性顿失。

解放战争爆发后,中央财政完全被军费绑架,而实体经济又复苏乏力,于是政府采取了极其宽松的货币政策,1947 年,法币发行量达 30 多万亿元,为上一年的 10 倍,比 1945 年增长了 25 倍。到 1948 年的第二个季度,已发行法币 660万亿元,三年猛增 1180 倍,相当于抗战前夕发行额的 47 万倍。乱发钞票的结果就是,引发了中国当代史上最严重的恶性通货膨胀。民国一代最杰出的银行家之一张公权日后在他的著作《中国通货膨胀史》中评论道:在以城市经济为爆发中心的通货膨胀中,受伤最严重的是军人和公务员,因为政府提薪的速度永远赶不上物价的上涨速度,这直接导致执政效率的下降和吏治败坏。[1]

1948 年 8 月,国民政府被迫改组内阁,宣布停用法币,进行金圆券改革,全国物价一律冻结在 8 月 19 日水平,是为"八·一九限价"。为了防止权贵和投机商人囤积居奇,扰乱改革,蒋介石之子蒋经国亲自督阵上海,宣誓"打虎"。可是,此时的党纪国法已彻底败坏,"老虎"打到孔祥熙长子孔令侃控制的扬子公司便打不下去了,到 11 月 1 日,行政院公开承认经济改革失败,内阁总辞职,物价呈现报复性上涨的态势,经济极度混乱,国事终不可为。

在产业政策、货币政策和财政政策连续失误的情形之下,国民党政府在另外一个重要的经济领域——土地改革上无所作为,输给了自己的对手共产党。1947 年 9 月,共产党公布《中国土地法大纲》,宣布没收地主的土地财产,征收富

---

[1]　张公权:《中国通货膨胀史》,文史资料出版社 1986 年版,第 42—45 页。

农多余的土地财产，将之平均分配给无地少地的农民，实行"耕者有其田"的土地制度，其中第十一条明确规定："分配给人民的土地，由政府发给土地所有证，并承认其自由经营、买卖及在特定条件下出租的权利。"亦即承认改革后的土地私有性质。

就这样，战后短短五年间，国民党政府在敌产国营化中失去了私营企业家的支持，在货币改革中失去了城市居民的支持，而在土地改革中失去了农民的支持。1948 年 3 月，国民党召开"行宪国大"，宣布"还政于民"，打出了最后一张王牌——"民主牌"，而务实的人民在"民主牌"与"土地牌"的选择中，毫不犹豫地抓住了后者。

计划经济：从自负到自毁的大试验

在考察近 170 年中国走向现代化的历程时,人们常常不由自主地将各个政治流派的主张对立起来,譬如保守派这样,洋务派那样,维新派这样,革命派那样,国民党这样,共产党又那样,似乎他们从来是经纬对立,界限分明。

可是,在经济变革上,界限分明的世界似乎并不存在。我翻阅研究各派主张,发现在一些根本性的立场上,相近之处远远大于相异之处,至少有三大原则为各派所共持:其一,维持国家统一和中央集权的大一统原则;其二,抵御外敌、强盛国家的强国原则;其三,发展国营事业、节制民间资本的国有经济优先原则。这三个原则自洋务运动开始便已确立,历大清、民国及当代中国三代,虽然在一些时期会遭到部分精英的质疑,不过从未被放弃。所以,中国的现代化是一场终极目标从未更改过、经历了多轮技术性试验的长期运动。

如果我们将 1949 年到 1976 年的中国经济放置于这样的史观之下进行反思,也许是合适的。这一时期被认为是一个"极端的年代",共产党人以无比的自信进行了一场史上最为彻底而坚决的命令型计划经济的大试验,其历程可以用哈耶克的两本书名来形容:开始于"致命的自负",终而"通往奴役之路"。然而,它的试验并非是中国现代化运动的改弦易辙,而更像是同一终极目标下的、理想主义色彩浓烈的偏执行动。

上海试验：计划经济的体系雏形

　　共产党人在掌握全国政权之前，从未有过管理大中型城市的经验。然而，让人惊奇的是他们在第一次重大考验中就一举得手。这如同第一次参加奥运会的年轻选手在初赛时就打破了世界纪录，过分的幸运往往会带来一些影响深远的问题。

　　1949 年 5 月，解放军占领最大的工商业城市上海。当其时，上海是全国通货膨胀的风暴眼，蒋经国"打虎"未远，全城有 2000 多家公司、30 余万人投身于投机炒卖。当时国内外许多人认为：共产党打仗是第一流的，治理经济恐怕不入流。荣毅仁曾回忆道，他当时便认为"共产党军事一百分，政治八十分，经济打零分"。毛泽东征调出任中央财经委员会主任不久的陈云坐镇上海，指挥了一场惊心动魄的经济战役。这场战役主要围绕以下三个方面展开——

　　其一，资本市场管制。6 月 10 日，解放军查封远东最大的证券交易所、位于汉口路 422 号的上海证券大楼，当场扣押 234 人，移送人民法院审判。随后，全市的证券交易场所全数遭查封，民间的金融活动被彻底取缔，"资本市场"从此退出了经济舞台。对上海来说，意味着亚洲金融中心的功能被摘除，香港取代了它的地位。在此后半个多世纪的时间里，它成了单纯的轻工业和商业中心，证券交易所重新回到上海滩，是 41 年后的事情。

　　其二，生产资料管制。上海地区是当时全国两大民生产业——纺织业和食品业的制造、交易基地，陈云将纱布、面粉和煤炭统称为"两白一黑"，认为它们是物价飞涨的"牛鼻子"。他从全国各地征调大量纱布和面粉，经过数轮"吃进"和抛售将民间炒家全数击溃，当时上海常有投机商破产跳楼，飞涨不歇的物价日渐企稳。

　　其三，流通渠道管制。陈云以上海为中心，着手创办了三个全国性的贸易公司：一是全国性的纺织公司，负责纺织原料和产成品的供应与销售；二是全国性的土产公司，负责各地特产的产销；三是将华北贸易总公司改组为 11 个专业公司，此外设立一个进口公司，各专业公司均按经济区划与交通要道在中小城市设立分支公司，统一调度资金和干部。在农村地区则成立供销合作社，统一物资的分销。每一个重要的商品流通领域均被国营垄断，私人企业不得从事流通业，违反者被定性为"投机倒把"。

当原料供应、产品销售被卡住，再加上资本市场的彻底国营化，两头一夹，中间的制造企业虽然仍属私营性质，但已无法动弹，成了饼干中的夹心层，计划经济的宏大构架因此胚胎初成。陈云认为，对流通——包括商品流通和金融流通——的控制，"是逐步消灭无政府状态的手段，通过这种办法，把它们夹到社会主义"。①

在对国内私人资本进行清剿管制的同时，陈云还创造性地驱赶了所有的外资公司。新中国成立后，在华外资企业显然成为了新经济体制的"不适应者"，陈云用的办法是提高土地使用的税率，把外资公司一一逼走。时任上海财税局局长的顾准描述道："1949 年上海接收后，我们利用 1945 年以后国民党政府搞起来的地价税，加重税率，对私有土地按估定地价比例征税。征收地价税，谁都提不出反对理由，可是严格征收的结果，凡是地价昂贵土地上的房产收入，都抵不上应付的地价税。仅仅一年多，即到 1950 年至 1951 年冬春之交，许多外国资本家都宁愿用房地产抵交欠税，自己则悄悄溜走了。我们没有采用任何没收政策，却肃清了帝国主义在上海的残余经济势力。"

陈云在上海的整肃行动取得了巨大的成功，到 1950 年春夏之交，物价已基本上稳定了下来。毛泽东对上海的经济战役评价很高，认为它的意义"不下于淮海战役"。陈云自此被视为"计划经济的大师"。上海经验被推广至全国，各地的证券交易机构相继被取缔，外资公司被"和平驱逐"，全国性的棉花和粮食

---

① 陈云：《陈云文选（第二卷）》，人民出版社 1995 年版，第 93 页。

计划调配会议相继在北京召开,对这两大战略性物资实行统购统销政策,各大城市随即建立起相应的计划管理体系。

中国共产党人在上海的此次试验,在世界社会主义经济史上都堪称经典,体现出命令型计划经济在特定时期的战略性魅力。若放之于历代经济变革中考察,从中可以看到汉武帝变法"平准"和"均输"的明显痕迹。

"第一个五年计划":计划经济的建设模式

如果说 1949 年的上海试验,让共产党人在流通和资本管制上获得了经验,那么,开始于 1953 年的"第一个五年计划",则是计划经济模式在工业建设上的一次完美表现。

中华人民共和国成立不久,即在朝鲜与美国开战,西方世界从此对中国大陆进行了长期的经济封锁,"第一个五年计划"是在苏联的无私帮助下进行的。据薄一波回忆,"一五"计划所有的表格都是苏联专家帮助做出来的,"老实说,在编制'一五'计划之初,我们对工业建设应当先搞什么、后搞什么,怎么做到各部门之间的相互配合,还不大明白"。① 苏联向中方提供了大量的资料和设计图纸,几乎把他们所有的最好技术都给了中国,五年中,有 8500 名苏联专家来到了中国,《剑桥中华人民共和国史》中评论道:"苏联技术援助和资本货物的重要性无论如何估计也不为过。它转让设计能力的成果被描述成技术转让史上前所未有的。"② 从全球化的视野来看,在 20 世纪 50 年代初期,已然公开对立的东西方世界先后展开过两个规模庞大的国际援助计划,一个是 1948 年到 1952

---

① 薄一波:《若干重大决策与事件的回顾》,中共中央党校出版社 1993 年版,第 297 页。
② 费正清、罗德里克·麦克法夸尔主编:《剑桥中华人民共和国史(上卷)》,谢亮生等译,中国社会科学出版社 1998 年版,第 185 页。

年，美国为欧洲重建所实施的"马歇尔计划"，另一个便是 1953 年开始的苏联援助中国的工业建设，它们都不出预料地达到了振兴经济的目的，不过却有着不同的路径和结果。

"一五"计划的核心内容，就是在苏联人的帮助下，投资建设 156 个重大项目，史称"156 工程"。其中的重点是优先发展重工业，重工业方面的投资占到了总投资额的 85％。在整体规划之下，一些冶金、能源、机械领域的大工厂隆隆建起。以钢铁为例，五年内炼铁能力增加了 280 万吨、炼钢能力增加了 253 万吨，加上原有钢厂的产能，我国生铁产量从 1949 年的 25.2 万吨猛增到 467 万吨，整整提高了将近 20 倍。"一五"期间，中国建成大型汽车生产基地，造出第一辆自主研发的解放牌汽车，试制成功了第一架喷气式飞机，建成了第一个制造机床的工厂，在长江上建成了第一座大桥——武汉长江大桥，开通了北京到拉萨的航空线，在武汉和包头新建了两个大型炼钢厂，完成了鞍山钢铁公司大型轧钢厂项目的兴建，还在洛阳和哈尔滨建成了拖拉机厂和轴承厂，在兰州建成了大型炼油基地。中国的重工业结构和区域布局陡然改观。

中国除了从苏联引进了技术之外，还全面引进了斯大林式的、高度集中统一的计划经济模式。为了统一管理全国经济，成立国家计划委员会，随后又相继成立国家建设委员会、国家经济委员会、国家技术委员会和国家物资供应总局等机构，这些机构均下设至县级政府，形成了一个封闭、垂直式的计划管理体系。

这是一种由国家"全统全包"的投资分配和管理制度：国家以一只无比庞大、无所不在的"看得见的手"调动经济的每一个细胞，需要建设什么工厂、生产什么产品、培育多大的生产能力，以及产品的产量和投资的规模，都由国家通过计划直接安排。在这一体制下，一切新老企业用于固定资产建设的项目和投资，都由国家统一计划；所需资金，由国家财政统一分配，无偿拨款；建设和生产用的物资，由国家通过商业和物资部门统一调拨；从事建设的施工队伍，由国家统一安排；从事生产的新增劳动力，由国家统一培养和分配；生产出来的产品，由国家统购统销；企业有赢利，全部上缴国家财政；有亏损，也由国家财政补贴。在这一雄心勃勃的、严密的计划体制下，国家既在宏观上进行投资规模、投资结构、投资布局等宏观决策，又在微观层面上担负着项目决策管理任务。

从数据上看，"一五"时期，中国完成基本建设投资总额 588.47 亿元，五年新增固定资产相当于 1949 年接收时的 4 倍，工农业总产值平均增长 10.9%，GDP 平均增长率达到 9.2%——这个数字与 1978 年到 2008 年的平均数 9.4%非常接近。在亚洲地区，中国与日本是工业经济增长最快的国家，两国的经济总量相近。吴敬琏认为："经济增长主要倚靠投资，特别是重化工业投资，成为从第一个五年计划（1953—1957）到开始改革开放的几十年中我们经济发展的基本特征。"[1]

七年消灭私营经济

在社会主义计划经济理论里，私营经济被认为是一个应该被彻底清除的部分，早在 1921 年，中国共产党的第一份党纲中就明确写道："消灭资本家私有制，没收机器、土地、厂房和半成品等生产资料，归社会公有。"不过，如何进行"消灭"，后期又有不同的阶段性主张。在 1948 年前后，党内基本形成了"过渡"的共识。根据刘少奇的计算，在当时的工业体系中，国营经济成分的比重仅为 34.7%，私营工商业还有很大的权重，他因此提出"合营过渡，和平赎买"的办法，并认为"我们与民族资产阶级至少可搭伙 10 年至 15 年"。在毛泽东的时间表里，"应于 1967 年完成对资本主义工商业的社会主义改造"。也就是用 18 年的时间消灭私营成分。

---

[1]　吴敬琏：《中国增长模式抉择》，上海世纪出版股份有限公司、远东出版社 2006 年版，第 107 页。

而事实上，这一工作只用了七年时间。其间，经历"夹心化"、"五反查税"、边缘化、定息赎买以及"绝种"五个阶段。

第一阶段，"夹心"。陈云在上海的整肃加强了国营资本对产业经济的控制力，在原材料、资本和销售渠道均被政府管制之后，私人工厂如同生存在夹缝之中，它们的赢利空间其实已完全操于政府之手，丧失了博弈的能力。薄一波在《若干重大决策与事件的回顾》一书中讲述了一个细节：1950年2月，也就是陈云在上海整顿纱布和粮食业的时候，中财委曾担心民间商人会展开一轮新的攻击，便拟定了"四路出兵"的策略，即加紧征收税款和公债款，督促企业主发放工人工资而且不准关厂，公营企业现金一律存入国家银行，不准向私营银行和私营企业贷款。薄一波回忆说，当时"估计可能会遇到资产阶级的抵抗，要打几个回合。实际上，他们已无力再较量，三四月份，我们看到势头不对（市场过紧），'收兵回营'，已经来不及了"。[1]

第二阶段，"五反查税"。从1951年12月开始，中共发动了一场席卷全国的"三反五反"运动，这是新中国成立后第一次大规模的政治运动，其中"五反"就是在资本主义工商业者中开展"反行贿、反偷税漏税、反盗窃国家财产、反偷工减料、反盗窃国家经济情报"的运动。在运动中，各地纷纷采取了清算大会、批斗大会等形式，普遍出现给资本家戴"高帽子"和进行体罚的现象。据统计，北京、天津、上海等9大城市被审查的45万多户私营工商业主中，犯有不同程度"五毒"行为的占总户数的76％，其中上海为85％，北京为90％，即绝大多数为待罪之人。在暴风骤雨般的群众怒吼下，资本家成为被鄙视、被彻底妖魔化的族群，甚至连他们自己都对自己产生了厌恶，这种心理反应仅可见于汉武帝的告缗令时期。[2] 据计算，到1952年10月"五反运动"结束，查补的"五毒账"达30多万亿元，为朝鲜战争军费的一半有余。

---

① 薄一波：《若干重大决策与事件的回顾》，中共中央党校出版社1993年版，第96页。
② 桂勇：《私有产权的社会基础》，立信会计出版社2006年版，第104页。

第三阶段，边缘化。在"一五"建设规划中，私营企业和私人资本的参与度几乎为零，它们已经被彻底边缘化。随着计划经济体系的确立及国有资本的迅猛扩张，给予它们的空间已经越来越小。

第四阶段，定息赎买。1954年9月，全国人大颁布了新中国的第一部宪法，它正式确定了国营经济的主导地位，明确提出国家对资本主义工商业采取"利用、限制和改造"的政策，逐步以全民所有制代替资本家所有制。在此背景下，陈云提出"赎买定息"的方案，国家根据核定的私股股额按期发给私股股东固定的5％的股息，定息从1956年1月1日起计，原定到1962年止息，后延长到"文化大革命"开始前的1965年，利息有所降低。定息赎买政策为私人资本的消亡设计了一个"退出通道"，它意味着产权改造的实质完成。据中国社会科学院经济研究所的资料显示，全国拿定息的在职私营业主为71万人，吃息代理人为10万人，这81万人就是残存的资本家阶层。

最后，"绝种"。几乎就在实行定息赎买政策的同时，毛泽东明确提出要让资本主义马上"绝种"。他在中共七届六中全会上说："马克思主义是有那么凶哩，良心是不多哩，就是要使帝国主义绝种，封建主义绝种，资本主义绝种，小生产也绝种。这方面，良心少一点好。"[1]1956年1月1日，北京市私营工商业者提出了实行全行业公私合营的申请。到1月10日，只用了10天，全市的私营工商业宣告全部实现了全行业公私合营，"已经跑步进入社会主义"。1月20日，上海召开公私合营大会，宣布全市205个行业、10万多户私营工商业全部实行公私合营。随后，全国各大中城市一个接一个地完成了工商业的"社会主义改造"。

消灭私营经济的进展如此之顺利，速度如此之快，连毛泽东本人也很意外，他在1月25日的第六次最高国务会议上说："公私合营走得很快，这是没有预料到的。谁料得到？现在又没有孔明，意料不到那么快。"在中国经济史上，私营企业在1956年的集体消亡是独一无二的事件，这意味着四大利益集团中的

---

① 《毛泽东选集（第五卷）》，人民出版社1977年版，第198页。

有产阶层像毫无作用的盲肠一样被整体切除。在百年现代化历程中，这是第五次，也是最彻底的"国进民退"。

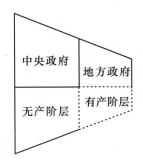

四大利益集团格局图——消灭有产阶层

两次自毁性的经济运动

在"一五"计划结束的 1957 年前后，共产党人几乎同时取得了经济高速成长和消灭私营部门这两个重大胜利，这使得决策层的信心前所未有地膨胀。随后，他们在自负的道路上越走越远。1958 年，急于求成的毛泽东在工业和农业两大领域同时发动"大跃进"，工业方面的目标是超过英国，农业方面的目标则是实现粮食和棉花产量一年翻一番。

1957 年年底，毛泽东在莫斯科对赫鲁晓夫说，15 年后，我们可能赶上或超过英国。可是仅仅 4 个月后，这个时间表缩短到了 7 年，又过了两个月，更是缩短到了两年。毛泽东认定中国经济超过英国的唯一评价指标是钢铁产量，他提出国民经济"全面大跃进"的口号，要求经济部门修改预定的指标，钢的指标被定在了 1070 万吨，一年之内要增长一倍。

就这样，一个全民炼钢的高潮被掀起了。全国各地建起了数以十万计的小高炉，人们满怀热情地日夜炼钢，很多人把家里的铁锅、铁盆、铁门把等都捐献了出来，倒进火红的炉膛中。这一年，钢产量达到创纪录的 1108 万吨，超额完成了一个不可能的任务。在这个数字的背后，却隐藏着一个近乎自毁性的事实：1108 万吨钢中有相当大的比重是用土法上马的小高炉炼出来的，其中 300 多万吨是毫无用处的废钢，小高炉炼出的 900 多万吨生铁既不能用于铸造，也不能在炼钢后轧成有用的钢材。全民炼钢不但中断了正常的经济活动，更严重破坏了生态环境，很多山上的树被全部砍光。为了全民炼钢，各地迅猛地从农村招人进城，到年底，全国企业和国家机关职工人数达到 4532 万人，比上一年末整整多了 2082 万人，粮食供应形势立刻严峻起来。盲目的乐观和激进战略，造成了国力的严重虚耗。

发生在农业领域的粮食"大跃进"同样荒唐。根据毛泽东的要求，1958 年的粮食指标为 8000 亿斤，棉花则为 6700 万担，都比上一年增长了一倍多。《人民日报》发表社论《人有多大胆，地有多大产》，它成为 1958 年最出名、最响彻云天的一个口号。各地农村纷纷造假，虚报粮食产量，小麦的亩产纪录从绝无可能的 1500 斤"上涨"到无法想象的 13.0434 万斤 10 两 4 钱（当时 1 斤为 16 两）。新华社向全世界宣布，中国 1958 年粮食总产量达到 3.5 万亿斤，几乎是上一年的 10 倍，一跃成为世界第一大产粮国。

在之后的三年，国民经济如一位狂奔后虚脱了的运动员，由疯狂跃进陡然跌入萧条低迷。全国工厂关停近半，2000 多万新招职工被驱回农村。在农村，地方政府仍然以上一年虚报的数据向农民征收粮食，农民不愿交，就搞反右倾、反瞒产、反私分，甚至抓人、关人、打人，广大乡村出现了很多饿死人的现象。主管经济的刘少奇也不得不承认，三年大饥荒是"三分天灾，七分人祸"。"大跃进"对中国经济造成的灾难性后果，日后有许多论文和书籍进行了反思、总结。国家统计部门的数据显示，"二五"期间（1958—1962 年），全国工农业生产总值的年均增长率仅为 0.6%，远远低于"一五"期间的 10.9%。据美国学者麦克法夸尔在《文化大革命的起源》一书中的测算："大跃进对国民经济造成的全部损失现在估计是

1000亿元,几乎两倍于'一五'期间对基本建设的总投资(550亿元)。"①

到了1964年,苏联发生"宫廷政变",赫鲁晓夫被撤职并隔离审查,新上任的勃列日涅夫推行"新经济体制改革","老师加兄弟"的中苏关系全面恶化,苏联在中苏、中蒙边界陈兵一百万。同时,美国出兵越南,中国遭遇两个超级大国的"南北威胁",中共决策层的判断是,"战争不可避免,要立足于大打、早打、打核战争"。据此,中共中央作出了"三线建设"的重大战略决策,把东北、华北和华东沿海一线、二线地区的重要工业企业向西部和西北等三线搬迁,毛泽东号召"好人好马上三线"。

在中国工业史上,规模宏大而秘密的三线建设有多重的标志性意义,它是继1937年的战时大内迁之后,第二次"工业西进",而且是一次主动的、具有强烈计划性的大行动。同时,它也是新中国成立以来,继苏援"156工程"之后,最集中、最重大的工业投资运动。从1964年到1980年的17年间,中央政府把计划内50%的工业投资和40%的设计、施工力量投入到三线建设中,累计投入资金2052亿元,建成了1100多个大中型军事和重化工业项目。

可是,预想中的世界大战并没有"如期"爆发,庞大的"三线计划"便成了又一次的国力虚耗。在布局上,三线建设以"立即要打仗"为假设前提,实施了"靠山、分散、隐蔽、进洞"等方针,把每个工厂,甚至每个车间都规划建设得极为分散,有的甚至采取了"村落式"、"瓜蔓式"、"羊拉屎"式布局。用游击战、备战化的方法进行工厂建设,低效率、高投资是可以想见的。由于三线建设是计划经济下的产物,上马十分匆忙,规模非常庞大,加上政治动荡、管理混乱等原因,浪费和损失很惊人。20世纪90年代中期以后,随着国家战略调整,大量地处大西南深山沟里的三线工厂被废弃,当年国家投资几十亿元建设而成的厂区,后来如同一座座鬼城。

---

① 罗德里克·麦克法夸尔:《文化大革命的起源(第二卷)》,魏海平、艾平等译,河北人民出版社1989年版,第469页。

回收土地：政府的三大收益

共产党以"工人党"的姿态出现在中国的历史舞台上，1927年国共决裂后转入农村，日渐演变为一个"农民党"。其最高决策层大多是农家子弟出身，他们对农民心理和利益诉求之掌握乃同时代人中的佼佼者，而土地政策正是核心。早在井冈山时期，红军便以"打土豪，分田地"赢得了支持。1947年的《土地法大纲》更是在争取民心上起到了决胜性的作用。然而，新中国成立之后，共产党在土地和农村政策上一反之前的私有化立场，展开了系统性的集体化改造。

1951年9月，中共中央通过了《关于农业生产互助合作的决议》，鼓励农民以"土地入股"，组建互助合作社，这一政策遭到了不同程度的抵制，有些地方甚至出现了暴力反抗。到1952年年底，全国农业互助合作组织发展到830余万个，参加农户达到全国农户总数的40％。1955年年底，在毛泽东的急迫要求下，初级合作社向高级合作社升级，仅用一年时间就在全国基本实现了农业合作化，参加初级社的农户占农户总数的96.3％，参加高级社的占农户总数的87.8％。在粮食"大跃进"的1958年，高级合作社又向更高级的人民公社升级，形成了"组织军事化、行动战斗化、生活集体化"的公社模式，到年底，全国原有的74万个农业社变成了2.65万个"一大二公"的人民公社。

也就是说，在《土地法大纲》颁布的11年后，分到农民手中的土地又被收归为集体所有，5亿农民被全部纳入集体化的生产和生活中。在社会学的意义上，自明清以来所形成的、基于小农经济的宗族社会模式被彻底破坏，从此，中国人再无"故乡"。因为农民失去了对土地交易的处置权，实质上便也失去了所有权，因此所谓的集体化便是国有化的一种表现形式。杨小凯指出，人民公社化的土地改革从根本上动摇了中国人对财产权的信心，也挖掉了公民的财产权基础，对人们的投资和经营活动有根本性的影响。

中国被视为古典的市场经济国家，盖因历代长期坚持土地私有化和商品粮政策。当政府成为土地资源的唯一处置人之后，各种资源的配置结果便发生了重大的变化，实行计划经济时期，国家从土地中获得三大收益。

第一个收益是控制粮食交易，实现农业对工业的"反哺"。1953 年 11 月，政务院发布《关于实行粮食的计划收购和计划供应的命令》，提出定产、定购、定销的"三定"政策，要求全国各地以乡为单位，确定全乡每户的常年计划产量和全乡粮食统购统销的数量，粮食买卖纳入国家的整体计划。这一统购统销政策一直执行到 1985 年，长达 32 年之久。据中央党校教授周天勇计算，新中国成立后，我们一直通过工农价格差、城乡"剪刀差"向城市和工业提供丰厚的原始积累，农民为工业化和城市化提供的积累，最保守的估计高达 30 万亿元。[①] 可见，工业化所需资金主要是由农业积累产生的。

第二个收益是推行票证经济，在物资短缺条件下长期控制城市物价。粮食及农副产品价格是一国物价波动的中轴，政府控制土地后，继而可控制价格和供应，最终达到控制需求的计划性目标。1954 年全国棉纱、棉布统购统销后，9月份就实行了凭"布票"限量供应棉布的政策，这是与工业消费品相关的第一种票证。1955 年 8 月起实行粮食的凭票定量供应，从此，中国进入"票证的年代"，各种民用商品如煤球、自行车、食用油、糕点、鸡蛋、猪肉、鱼甚至火柴等，都需要用特定的票证才能购买。正是通过这一手段，政府得以在低生产效率和物资短缺的状态下，保证全国物价维持长期的超级平稳。

第三个收益是控制人口流动，进而消化城市剩余劳动力。准军事化的人民公社与户籍制度互相勾连，造成城乡分化，没有票证的农民无法在城市里购买到生活必需品，无法看病和入学，因而不可能任意进城，从而在短缺经济的年代里，减轻了城市的人口压力。1968 年，因"停课停工闹革命"，城市里出现数以千

---

① 周天勇：《现代化要对得起为发展做出巨大贡献的农民》，《中国经济时报》2007 年 7月 9 日。

万计的失业学生,毛泽东下达了"知识青年到农村去,接受贫下中农的再教育,很有必要"的指示,在十年时间里,有超过1700多万人(约占全国城市人口的十分之一、适龄就业人口的五分之二)被下放到农村,从而以极残酷的方式化解了城市就业的压力。[①]

在整个计划经济时期,农民是一个被背叛和剥夺的阶层。他们失去了土地,被剥夺了进入城市的权利,他们创造的财富以"剪刀差"的方式转化为国家资产,而他们的生活质量却没有得到相应的改善。以用电量为例,"一五"期间,全国电力的八成以上都用于工业,城市生活用电占13.5%,农村用电只占全国电量的0.6%。从1958年到1978年,20年间中国农民人均收入增长不到2.6元。国家从土地控制中获得的收益并没有随着计划经济体制的终结而结束,到了1998年之后,土地出让金成为各地政府的重要收入来源,这将是下一讲的内容。

"文化大革命":紊乱十年

国民经济的彻底紊乱是从1966年开始的。5月,毛泽东亲自发动"文化大革命",他八次登上天安门,接见了1300万人次的红卫兵。这些热血沸腾的学生喊着"造反有理"的口号,把教室砸得稀巴烂,将自己的老师绑起来批斗,然后再冲进全国的所有寺庙,将佛像、书籍等文物尽数砸毁、焚烧。紧接着,工人也被发动起来,各种名目的革命造反组织纷纷诞生,他们喊着"保卫毛主席"的口号残酷武斗。

自"文化大革命"开始以后,中央决策机构陷于瘫痪,在过去十多年里主管全国经济的中央及部委领导,除了总理周恩来之外,几乎全部被打倒或靠边站,

---

① 刘小萌、定宜庄:《中国知青史——大潮》,当代中国出版社2009年版,第528页。

其中,刘少奇被"永远开除出党",1969 年冤死于开封,邓小平和陈云被下放到江西劳动。由于造反派的全面夺权,那套从上而下的计划经济指挥体系彻底瘫痪,经济管理和统计部门被砸烂,各地的年报迟迟不能报齐。在局面最混乱的 1967 年和 1968 年,根本无法制订全年度的全国经济计划,1968 年也成为新中国成立以来唯一没有国民经济计划的一年。

这场空前的浩劫,一直到毛泽东去世的 1976 年才终结。十年"文化大革命"对中国当代史的影响是巨大的,它产生了两个后果,一是大大延缓了中国的现代化建设,二是将计划经济的弊端彻底暴露,为后来的改革开放创造了心理空间和体制空间。

"文化大革命"造成了空前的社会伤害和经济损失。胡鞍钢对"文化大革命"时期的经济损失有过一个定量分析,据他的计算,中国经济的长期增长潜力为 9%左右,1952 年到 1957 年的实际 GDP 增长率为 9.2%,1978 年到 2003 年的实际 GDP 增长率为 9.3%,而 1957 年到 1978 年的实际 GDP 增长率为 5.4%,也就是低了 4 个百分点,这个增长率同时远远低于亚洲的其他发展中国家。① 在 1960 年,中国的国民生产总值为 1457 亿元,与日本相当。而到了 1977 年,中国的经济规模已不到日本的三分之一,只相当于美国的十分之一。正是在这十年中,日本成长为一个超级经济大国,亚洲"四小龙"纷纷崛起。另据安格斯·麦迪森在《中国经济的长期表现(公元 960—2030 年)》一书中,对亚洲各国和地区人均 GDP 增长率的计算,从 1952 年到 1978 年,中国大陆与其他国家和地区相比是整体落后的。中国大陆人均 GDP 增长率是 2.3%,日本、韩国、新加坡、中国香港和台湾地区分别是:6.7%、6.3%、4.8%、5.4%、6.6%。②

就四大基本制度而言,"文化大革命"时期的中国是两千年国史中,集权程

---

① 胡鞍钢:《中国经济政治史论(1949—1976)》(第二版),清华大学出版社 2008 年版,第 536 页。

② 安格斯·麦迪森:《中国经济的长期表现(公元 960—2030 年)》,伍晓鹰、马德斌译,上海人民出版社 2008 年版,第 59 页。

度最高的一个时期。中央对地方拥有不容置疑的控制力,后者在政治和经济上毫无自主的权力;全民思想被高度统一到了"无产阶级专政"的路线上,思想"洗澡"运动此起彼伏;社会精英被基本消灭,知识分子被蔑称为"臭老九",自由商人阶层被整体切除,数以千万计的年轻人在农村消耗生命,即便是执政集团内的精英分子也遭到了一轮又一轮的清洗;在经济制度上,命令型计划经济呈现出了它所有的特征:经济权力高度集中于中央政府的指挥体系;限制和逐步消灭商品、贸易关系的产品经济模式;重工业和军事工业优先的投资战略;完全依赖国家投资,全面取缔私人资本的经济治理思想;限制按劳分配,推行平均主义的原则;反对权威主义;取消专业分工的准则;坚持自主封闭,反对国际贸易。后世有些信奉计划经济的人推演说,如果没有"大跃进"和"文化大革命",中国经济当时不至于如此一败涂地。在他们看来,陈云在上海对通货膨胀的整肃和"一五"计划的成就证明了制度的有效性。其实,这种幻想是难以成立的。因为国家治理的逻辑从 20 世纪 50 年代至改革开放前一以贯之,并无重大更改,"文革"无非使得计划经济制度的负面性以更剧烈和更极端的方式呈现。

到 1976 年,中国是一个封闭自守的、与世界经济体系基本"绝缘"、高度集中而没有活力的经济体,沿用司马光对汉武帝的评价,此时的执政者"有亡秦之失,而免亡秦之祸"。

第十一讲

改革开放（上）：没有蓝图的改革

邓小平被称为"中国改革开放的总设计师",这个称谓容易产生歧义,即发生于 1978 年之后的改革开放是一场经过精心设计、有长远规划的试验,然而,它实际上是一场且行且思、边做边改、"没有蓝图的改革"。

一个不太为人所注意到的事实是,中国最高决策层在一开始仍然寄希望于"一五"计划的模式再现,即通过投资再搞一批"156 工程"。1978 年,邓小平委派谷牧遍访西欧列国,提出了 120 个从钢铁、石化到汽车的招商项目,他还亲自飞赴日本和新加坡做游说工作。但是这个计划很快就流产了,西欧人和日本人不像苏联人那样"无私",中国脆弱的工业基础和虚弱的消费能力让他们畏而却步。在这样的背景下,决策层不得不把更多的精力放在改革与开放上。此时的决策者面临的困难与当年李鸿章面临的困境有些相似:意识形态的顽固抵抗、旧体制的低效率、找不到新的资金和人才,更可怕的是,没有成熟而合适的经济理论、改革经验可依据和借鉴。

第三种社会主义经济模式

当中国共产党决定把工作重心从阶级斗争转移到经济建设上来的时候,第一个社会主义国家已经在地球上存在了六十年。这六十年间，各国共产党人摸索出了两种经济治理模式。

其一，斯大林—毛泽东式的命令型计划经济模式。它取缔任何形式的私有制，忽视价值规律，强调国家对一切资源的控制，1949年到1976年，中国走的就是这条路，事实证明此路不通。

其二，市场社会主义模式。它尊重价值规律，试图在国有经济体系内建立一种基础于成本核算的价格体系，但是它不允许私有企业的存在，勃列日涅夫的"新经济体制改革"及东欧各国搞的就是这一套，中共党内则以孙冶方为理论代表，他提出"大权独揽、小权分散"，在保持国营经济体制和国家对投资的计划管理的条件下，给予企业在日常经营上的自主权。1979年12月，中国政府曾把当时世界上最著名的两位市场社会主义理论家，波兰的弗·布鲁斯和捷克斯洛伐克的锡克偷偷请到北京——他们当时均已离开各自的祖国成为叛逃者，布鲁斯和锡克告诉中国的同志们，东欧的试验其实也是失败的。而晚年的孙冶方，在罹患癌症的情形之下试图写出一本教科书，但直到去世仍然无法成稿。①

社会主义阵营中的两大既成经济模式皆行不通，便把渴望变革的中国逼上了一条独自探索、充满了不确定性的道路，由此我们可以从理论的层面理解，为什么会有"中国特色的社会主义市场经济"的提法。

在改革开放的前十多年里，中共领导人邓小平和陈云，在经济治理上形成了自己的主张。

陈云是公认的"计划经济大师"，他晚年的思想近似于市场社会主义，提倡"鸟笼经济"，即在计划的"大笼子"内，给予国营企业以充分的经营自主权，对于私营资本集团的复活，他一直持谨慎和警惕的姿态。

相对于陈云，邓小平更加务实和功利。只要能够使经济发展起来，他愿意尝试一切新的可能性。他用几句生动的语言规范了即将开始的经济运动的行

① 吴晓波:《吴敬琏传》，中信出版社2010年版，第89—96页。

动纲领:他说"摸着石头过河",公开宣布本次改革没有路线图,没有时间表,只有一个"过河"方向,而且无船可乘、无桥可走,必须跳下水去冒险游渡;他说"让一部分人先富起来",这打破了"均贫富"和平均主义吃"大锅饭"的理念;他说"不管白猫黑猫,抓住老鼠就是好猫"——这句话曾经遭到毛泽东的嘲讽,如今却成了功利主义的最佳宣言;他说"胆子要大一点,步子要快一点",这提示了改革的迫切性;他说"不争论",表明新的改革措施在意识形态领域遭遇到了空前的阻力,无法在原有的社会主义理论体系内自圆其说,因此必须"干了再说,错了再改"。

当然,在经济领域推动变革的同时,邓小平与陈云也对政权的稳定和共产党执政地位的维持达成了高度的共识。他们提出坚持"四项基本原则"和"稳定压倒一切",这两句话划出了本次经济改革的政治边界,即维持现有的威权及大一统的政治治理模式。

在将近三十年的时间里,邓小平的这些话语形成一种强大的社会共识,进而勾勒出本次改革的几个基本特征:功利务实、被动渐进、非均衡、不彻底。

增量改革:由农民发动的工业化运动

从 1978 年到之后的 15 年间,中国最重要的经济事件几乎都不发生在城市,而是在"城墙"外的广袤农村。这是本轮经济变革中最不可思议也是最迷人的地方。数以百万计的没有受过任何工业化教育的农民崛起于草莽之间,成为了计划经济的"掘墓人"。

变革的动力是从土地里迸发出来的。已经实行了 20 多年的人民公社制度把全国农民牢牢地拴在土地上,"大锅饭"的弊端毕现无疑,农业效率低下到了让农民无法生存的地步。1978 年,产粮大省安徽省从春季就出现了旱情,全省夏粮大减产,凤阳县小岗村的农民在走投无路的情况下,被逼到了包产到户的路上。包干制竟十分灵验，第二年小岗村就实现了大丰收，第一次向国家缴了公粮，还了贷款。在当时的安徽省委书记万里的强力支持下，小岗村的大包干经验，一夜之间在安徽全境遍地推广，与此同时，另一个农业大省四川省在省委书记的努力下也开始推行包产到户。法国启蒙思想家孟德斯鸠尝言："土地出产之少，主要不在于土地肥沃程度，而在于居民是否享有自由。"[①]此言在 1978 年的中国再次得到印证。

包产到户是对人民公社制度的否定。事实上，早在 1961 年安徽省就进行过"按劳动力分包耕地，按实产粮食记工分"的联产到户责任制，这一试验遭到毛泽东的强烈反对，省委书记曾希圣以及赞同包产到户的农村工业部部长邓子恢因"犯了方向性的严重错误"而先后被撤去职务。17 年后，安徽和四川的试验仍然在党内遭到不同程度的质疑，与安徽比邻的浙江省一直到 1982 年才开始全省推行家庭联产承包责任制。邓小平对包产到户予以坚决的支持，多次口头承诺"联产承包责任制 50 年不变"。1984 年的中共中央一号文件提出"联产承包 15 年不变"。1994 年，中共中央、国务院印发《关于当前农业和农村经济发展的若干政策措施》，提出"在原定的耕地承包期到期之后，再延长 30 年不变"。

以承包制的方式把土地"还"给农民，是一次不彻底的土地改革，它没有触及土地性质，为日后的土地纠纷埋下种子。然而，在 20 世纪 80 年代，这一改革非常灵验地、一次性地解决了粮食问题，此后的中国改革几经波折却从未发生粮食危机，"粮稳而心定"，此举居功阙伟。另外一个重大的效应是，包产到户让农民从土地的束缚中解放出来，在土地严重缺乏而观念较为领先的东南沿海地带，大量闲散人口开始从土地中"溢出"，在票证经济的禁锢下，他们无法进城，于是"洗脚上田"，开始在城市之外"村村点火，乡乡冒烟"，从事各种非农产业。这些非常初级的工业作坊，早期被称为社队企业，之后被称为乡镇企业，亦即民营经济在 1956 年"绝种"之后的再度复活，它们在制造、流通及金融三大环节对

---

① 托克维尔：《旧制度与大革命》，冯棠译，商务印书馆 1997 年版，第 159 页。

铁桶般的计划经济体系实施了"蚂蚁咬堤"式的侵蚀和破坏。

乡镇企业全数布局于"吃穿用"等民生产业，这也是以重工业投资为特征的国营经济的软肋。农民们的技术几乎都是"偷"来的，很多国营工厂里的技术人员白天在工厂里喝茶看报，到了周末，便卷着图纸跑出城到乡镇企业里兼职，他们被戏称为"星期天工程师"。国营工厂里的设备和原材料被倒卖到农村，甚至连品牌也被以很低的价格租售给乡镇企业。[①]

农民们生产出来的食品、服装以及自行车等，无法进入陈云等人构筑的国营流通体系。一年一度的广州商品交易会是全国最重要的商品交易大会，很多民营企业家日后回忆道："我们没有进场的资格，就用三种办法，一是贿赂门卫混进去，二是从下水管道爬进去，三是在会场外摆摊自建一个非法会场。"第三种办法催生出了所谓的专业市场，即农民在一些偏远的农村或城乡结合地带自建各种专业性的交易场所，比如纽扣市场、编织袋市场、食品市场等。在浙江省，此类专业市场一度多达 3000 多处，平均每个县就有 30 个，它们大多没有经过政府的审批，经常遭到驱逐和没收。在这些专业市场的周边，因交易活跃而又哺育出相关的专业工厂，形成了"双轮驱动"的产业格局和"一地一品"的块状经济模式。[②]

随着生产和贸易规模的扩大，乡镇企业主对金融的需求开始产生。根据当时的金融政策，所有银行均不得向私人企业发放任何性质的贷款。1984 年 9 月，在一家国营医院当收发室工人的方培林在浙江省苍南县钱库镇办起了新中国的第一家私人银行——"方兴钱庄"。然而，这家钱庄只开了一天就被当地的农业银行上门查封，从此民间金融只好被迫转入地下，并滋生出一个非常庞大、鼹鼠式的地下金融市场。国有银行对民间企业的歧视性政策持续数十年之久，2010 年 11 月，渣打银行发布的《中国新商帮中小企业融资生态调研白皮书》中

---

①　吴晓波：《激荡三十年（上卷）》，中信出版社 2007 年版，第 173 页。

②　参见吴晓波：《农民创世纪》，浙江文艺出版社 1997 年版。

指出,有超过四成的民营企业从未得到过银行贷款,而八成贷款期限集中于一年之内,几乎所有中小企业被迫"短贷长投"和依靠地下融资客。

在粗放经营、缺乏法律保护的环境中,民间经济仍然令人吃惊地发展起来。到 1986 年年底,乡镇企业的总数已经发展到 1515 万家,劳动力近 8000 万,实现工业总产值 3300 亿元,占国内生产总值的 20%,出现了"五分天下有其一"的格局,中国农民在城市之外新建了一个粗放草莽却肌体强悍的工业化体系。1987 年 6 月,邓小平在接见南斯拉夫代表团时说:"农村改革中我们完全没有预料到的最大的收获,就是乡镇企业发展起来了,突然冒出搞多种行业,搞商品经济,搞各种小型企业,异军突起。这不是我们中央的功绩……这是我个人没有预料到的,许多同志也没有预料到,是突然冒出这样一个效果。"

中央政府的角色:放权与非均衡战略

邓小平的这一段话在日后被反复引用,不少观察家据此推导出了一个结论:20 世纪 80 年代的改革是一场政府放任自流、无为而治的民间经济运动。甚至有很多人认为,政府在经济增长中无所作为,它所推动的改革都以失败告终。这在我看来,又是不尽准确的。真实的情况是,国民经济的恢复是"中央充分放权、地方大胆主导,民间积极参与"的过程,中央政府和地方政府分别扮演了促进者和主导者的角色。

就中央政府而言,其策略可分为三个方面:一是放权让利;二是非均衡发展;三是"一手软,一手硬"。

放权让利的对象是国营企业和地方政府,其目标则是刺激经济要素的复苏和减少中央财政支出。

在 1978 年年底的十一届三中全会上,中央认为:"现在我国经济管理体制的一个严重缺陷是权力过于集中,应该有领导地大胆下放,让地方和工农业企业在国家统一计划的指导下有更多的经营管理自主权。"基于这一共识,次年,国务院宣布首都钢铁公司、天津自行车厂、上海柴油机厂等八家大型国企率先进行扩大企业自主权的试验,其中包括扩大企业经营管理自主权、实行利润留成、开征固定资产税、提高折旧率和改进折旧费使用办法、实行流动资金全额信贷等。到 1984 年,又把在农村行之有效的承包制引入企业改革中,政府对国营企业的拨款改为贷款,进而改为股份。

中央对地方政府的放权开始于 1981 年的财政包干制度,国务院宣布实行"划分收支、分级包干"的财政包干体制,除了京津沪三大直辖市之外,其余省份均进行形式各异的财政包干,这一制度被形象地称为"分灶吃饭",也就是"统收统支"的一口大灶已经养不活那么多的儿子了,于是各自分开吃小灶,温饱苦乐,自求多福。1987 年前后,国务院相继提出了"企业承包"、"部门承包"、"财政大包干"、"外贸大包干"、"信贷切块包干",时称"五大包干"。

如果说,对企业和地方政府的权力下放,既为中央财政卸了包袱,又为经济的复苏提供了可能性,起到了一石二鸟的效应,那么,非均衡的发展战略则是一次主动的政策安排,也是本轮改革中最有创见性的一着。计划经济的中国如同一潭淤泥沉积的死水,恐怕连上帝也无力将之激荡搅活,因此只能从最薄弱的角落入手,用力地把水搅浑,然后呼风唤雨,弄皱一池春水。早期看,这是权宜之计,长期而言却彻底地改变了全国的宏观经济格局。

早在 1979 年春,在欧美资本引进不力的情况下,国务院批复了招商局董事长袁庚的一项请求,在国境之南、与自由华人资本聚集地——香港最近的宝安县划出方圆 2.14 平方公里,设立蛇口工业区,"既能利用国内的较廉价的土地和劳动力,又便于利用国际的资金、先进技术和原料,把两者现有的有利条件充分利用并结合起来"。① 这个工业区,既没有被纳入国家计划,也没有财政拨款,袁庚以土地为资源,批租给香港商人,并以税收减免为优惠,吸引工厂入驻,此

---

① 袁庚:《关于充分利用香港招商局问题的请示》,1978 年 10 月 9 日。

举取得奇效。到 1980 年 7 月,中央批准开设深圳、珠海、汕头为经济特区(后来又增加了厦门,是为"四大特区"),"特区内允许华侨、港澳商人直接投资办厂,也允许某些外国厂商投资设厂,或同他们兴办合营企业和旅游事业"。① 随后在 1984 年,进而开放 14 个沿海城市,加快引进外资的步伐。

特区的开设及沿海城市的开放,被统称为"东南沿海优先发展战略"。在计划经济时期,中国的工业经济基本布局于东北和华北一线,20 世纪 60 年代中期的三线战略则着力于中西部,东南沿海一向被视为"台海战争的前沿",尤其是广东、福建和浙江三省,甚少有重大项目的投资,"东南沿海优先发展战略"彻底打破了原有的投资格局,外资及民间资本在这些国有资本薄弱的地带如野草般生长,构成中国经济的新一极。

在整个 20 世纪 80 年代,非均衡成为一种基本的改革思路,特区、开发区模式是资源配置上的一次非均衡,"东南优先"是区域经济发展的一次非均衡,"让一部分人先富起来"是财富分配的一次非均衡,给予外资以土地征用和税收上的"超国民待遇"是企业经营上的非均衡,企业试点是政策配置上的非均衡,价格双轨制则是对国营企业实施价格保护的非均衡。厉以宁曾经指出,计划经济存在重大的"均衡性缺陷",因此,对旧体制的突破本质上是一次打破均衡的混乱过程。②

经济权力的次第下放以及非均衡战略的实施,意味着自由贸易精神的回归,它在对计划经济体系构成冲击的同时,一定会对大一统的思想体系也形成挑战,在这一方面,决策层表现出强硬的一面。"稳定压倒一切"这句名言出自陈云之口,却为邓小平所多次引用,这两位领导人尽管在经济思想上有不少的

① 《中共中央、国务院批转广东省委、福建省委关于对外经济活动实行特殊政策和灵活措施的两个报告》,1980 年 7 月 15 日。

② 中国经济的非均衡战略的灵感,应该得自于匈牙利的社会主义经济学家亚诺什·科尔内,他在《短缺经济学》一书中雄辩地论证了计划经济的"均衡性缺陷",此书于"巴山轮会议"之后的 1986 年在中国出版,影响甚大。

分歧,但在共产党执政地位的维护和思想的控制上,两人的立场和态度基本一致。

地方政府的角色:积极参与和冒险支持

张五常在其 2009 年出版的《中国的经济制度》一书中提出,县级政府间的竞争是过去 30 年中国经济奇迹的根本原因,他甚至认为,"今天的中国,主要的经济权力不在村,不在镇,不在市,不在省,也不在北京,而是在县的手上"。① 此论在学界引起很大的争议,但他确乎看到了事实的某一面。在 20 世纪 80 年代,非国有经济领域出现了两种区域发展模式,一种是以集体企业为主力的苏南模式,另一种是以私营企业为主力的温州模式。在这两种模式里,县级政府扮演了各自不同的,却同样重要的角色。

江苏南部的苏州、无锡及常州地区,自洋务运动以来就是最重要的纺织、粮食加工和机械制造基地,即便在"文化大革命"时期,这里的社队企业仍然广泛存在。改革开放之后,人多地少的苏南地区迅速向非农化转型,每个县都出现了一批"经济能人",由他们带领创建了数以万计的中小企业,这些能人往往身兼村镇行政领导和企业法人的双重身份,一方面从事工商活动,另一方面又可以无偿调动管辖区域内的一切公共和政策资源——特别是土地和税收优惠,因此展现出强大的成长能力,这一模式被称为"地方政府公司主义"。类似的模式同样出现在广东的珠三角地区和山东的胶东半岛。

在浙江南部的温州、台州和金华地区,出现了另外一种经济发展模式。这些地方的地理条件、自然资源以及人力素质均无法与苏南相比,属地僻人穷之地,自古以来,就有下南洋、外出做劳工的传统。从 20 世纪 70 年代末起,这里

---

① 张五常:《中国的经济制度》,中信出版社 2009 年版,第 144 页。

成了走私、倒卖二手物资以及产销低劣商品的集散地,民众在一些管制疏忽的偏远乡村开辟了众多小商品市场。温州模式成为发展私营经济的代名词。然而,常为人所忽视的是,浙南地区的私营经济的萌芽,与当地官员的冒险支持有重大关系。浙南官员发放了新中国成立后的第一张个体工商户执照、公布了第一个允许民众在县城摆摊的政策、创造性地拟定了第一份股份合作制企业的章程。很多年后,若到浙南诸县调研,当地人民仍能随口报出当年很多官员的名字,对之感恩不已,若没有这些人的冒险支持,私营经济的萌芽是不可思议的事情。这一景象同样出现在福建的泉州、晋江地区,广东的潮汕地区。

无论是积极参与的苏南模式,还是冒险支持的温州模式,都表明地方政府在改革的初期并非无所作为,相反,它们正是增量改革的主导者。在这一时期,一个区域的经济成长与自然资源的关系不大,却主要得益于民众及地方官员的思想开放。这一历史事实也再次印证了本书的一个基本观点:在大一统的集权制度下,中央政府与地方政府有各自的行政诉求,他们在经济发展的过程中存在着博弈和互相补充的关系,政府从来没有放弃对经济的干预与掌控。

"哪里是改革的主战场"

改革行至 1984 年前后,随着权力下放及经济复苏,各种新的治理难题层出不穷,在决策层和理论界发生了重大的争论和分歧,其主题是:哪里是改革的主战场。在这一年 12 月颁布的《中共中央关于经济体制改革的决定》中,改革主题被描述为:"增强企业活力是经济体制改革的中心环节,而价格体系的改革则是整个经济体制改革成败的关键。"[①]那么,"中心"与"关键"哪个更优先,孰重孰轻,竟没有明确定义。在这一问题上的犹豫及摇摆,导致了数年后的一次重大挫折。

---

① 《中共中央关于经济体制改革的决定》,1984 年 12 月 20 日。

一派意见认为,改革的主战场应是企业制度的股份制创新,是为"企业主体改革派",代表人物为北京大学的厉以宁教授。

在中国经济学家中,厉以宁是最早提出企业改革必须走股份制道路的人之一,因此,他被称为"厉股份"。在他看来,计划经济的最大弊端是剥夺了企业自主创新的动力,从而扭曲了资源的市场化配置,因此,全部经济体制改革的核心,必然是企业制度本身的重新改造,即财产关系的改造,换而言之,只要把企业"还"给了市场,经济体制自然将实现转轨。1987年年底,厉以宁向国家体改委提交《1988—1995年我国经济体制改革纲要》,给出了完成企业改革的"八年时间表":1988年至1990年,完善与发展企业承包制,股份制继续试点;1991年至1992年,承包制向股份制过渡;1993年到1995年,企业实行较全面的股份制,普遍建立控股制的企业集团。在这八年的时间里,企业改革的重点应逐渐由承包制向股份制过渡,由低层次的经营机制与产权关系的改革向高层次的经营机制与产权关系的改革过渡。

另一派意见认为,中国的经济改革靠企业制度的"单兵突进"难全其功,因此必须整体思考,配套进行,是为"整体协调改革派",代表人物为国务院发展研究中心的吴敬琏。

在吴敬琏的构思中,改革不仅是一场破除旧体制的深刻革命,而且是一项建设新经济体系的宏大工程。这个体系主要是由自主经营、自负盈亏的企业,竞争性的市场体系和主要通过市场进行调节的宏观管理体系三者组成。这三个方面是相互联系、密不可分的。只有这三个支柱初步树立起来,这种经济体系才能有效率地运转。因此,经济改革必须在这三个方面同步配套进行。

1986年年初,吴敬琏向中央提出了一份改革路线图,其中包括三个环节。第一个环节,增强企业的自主权和经济责任。国有小企业可以放开改革,大企业则逐渐实现市场化,取消行政性公司,实行股份制、资产经营责任制。第二个环节,竞争性市场的建立和进一步完善。建立经营大规模批发业务的经济实体,抓紧反对垄断、保护竞争的立法,防止市场割据形势的发展。第三个环节,建设新的宏观调控体系。包括改进财政税收体系，将"分灶吃饭"的财政体制推进到"划分税种，核定收支"的新阶段。

在以放松管制为改革主题、强调"充分放权"的 20 世纪 80 年代，吴敬琏的方案意味着中央政府必须加强宏观调控的能力并扩大宏观调控的范畴，因而带有重新集权的色彩，这无疑触及了中国经济治理的一个古老的核心命题。在耶鲁大学进修过的吴敬琏提出了一个很有技巧性的"集－放"分权理论。

他并不笼统地提倡放权或收权，而是分离出"行政性分权"和"经济性分权"两个概念。所谓"行政性分权"是指中央把权力下放给省、市、县，由地方行政机构管理经济，"经济性分权"是指将过分集中于行政主管机关的决策权下放给企业。吴敬琏认为，当前的中国改革，行政性分权步子迈得太快，而经济性分权则远远不足，"行政性分权充其量只不过使企业从原来中央机关的附属物变为地方行政机关的附属物，并不能使企业成为独立的商品生产者，也不能改善经济机制。在命令经济框架下实行层层分权，其结果只能是政出多门，使整个经济陷于混乱"。因此，他认为"分权的命令经济是一种最坏的命令经济"。由以上的理论阐述，吴敬琏得出了一个重要结论：不应当笼统地把改革的目标定为"分权"，而应当区分性质不同的"权力"，行政性权力需适当集中，经济性权力则应充分下放。既然中国改革的正确方向是建立市场型经济，应当追求的分权就只能是经济性分权，而不能是行政性分权。吴敬琏的这一经济结论与当时思想界颇为流行的新权威主义相当暗合。①

对于"企业主体改革派"的意见，吴敬琏认为，单搞企业改革，无论什么方案，都是不足够的，因为"如果企业不是在竞争性市场的约束下进行经营活动，没有竞争压力，无论建立怎样的产权制度，企业都不可能真正具有活力"。相

---

① 关于"新权威主义"，可参见萧功秦的《新权威主义：痛苦的两难选择》一文，载于刘军、李林编：《新权威主义——对改革理论纲领的论争》，北京经济学院出版社 1989 年版，第 54—58 页。

反,厉以宁则对"整体协调改革派"表达了鲜明的反对立场。就在吴敬琏递交了配套改革方案不久后的 1986 年 5 月,他面对上千名听众和众多媒体记者说:"中国经济改革的失败可能是由于价格改革的失败,而中国经济改革的成功,则必须取决于所有制改革的成功。"①

面对这两种针锋相对的改革意见,中央决策层表现得摇摆不定。② 厉以宁被要求先在重庆、苏南和上海进行股份制试点的实验,而吴敬琏的方案在 6 月份的国务院会议上先被肯定,后遭搁置。两大改革流派在 20 世纪 80 年代中后期的这场论战,在改革史上影响深远。中国的经济改革如同一盘不得悔棋的棋局,谁也无法回到过去再次复盘,甚至,在后来的时间段里,即便再重新找回当年的思想,也因时空的斗转、条件的变幻、民众预期的不同而失去了现实的意义。

他们的方案可能都是走得通的。如果按厉以宁的思路坚决地走下去,企业主体在产权意义上被彻底解放出来之后,自然会对政策环境产生巨大的变革冲击,宏观经济的市场化任务很可能因此完成。而如果按吴敬琏的思路坚决地走下去,通过行政性集权的方式推进宏观环境的市场化和法治化改造,经济改革的任务也很可能因此完成。

他们的方案也可能都是走不通的。因为,吴敬琏、厉以宁基本上都是在经济体制改革的范畴内思考出路,而波兰人布鲁斯早在 1979 年就告诫过中国的同行们:经济体制改革要以政治体制改革为条件,必须从制度上采取措施,才能保证不再回到旧轨道上去。归根结底,改革是政治和社会问题。

---

① 参见陆昊:《厉以宁评传》,陕西师范大学出版社 2002 年版。

② 在 1987 年,有九个课题组向国家体改委递交了经济体制改革的方案,厉以宁、吴敬琏二人的课题组分别代表了两个流派。这九个方案被结集成《中国改革大思路》一书,由沈阳出版社于 1988 年出版。

物价闯关：转折点上的"意外失利"

在 1988 年秋冬之际，中国的经济改革遭遇一次意外的重大失利，它可以被看成是本轮经济运动的一个分水岭式的事件。

在经历了十年的复苏性成长后，中国经济出现了周期性的波动，随着轻工产业的迅速发展，民间企业数目剧增，物资供应更趋紧张，全国物价出现失控式的上涨。与此同时，价格双轨制的弊端彻底暴露，非法倒卖物资的活动猖獗，国有企业的承包制改革始终未见大成效，亏损补贴和物价补贴相当于财政收入的三分之一，企业经营困难，财政负担加重。为了摆脱窘境，中央又被迫增发货币，从而进一步推高了通货膨胀的势头。在险象环生之际，决策层接受吴敬琏等人"管住货币、放开物价"的意见，决意冒险"闯关"，让物价迅速地进入市场调节的轨道之中。

"物价闯关"被认为是中国告别命令型计划经济的关键性一役，若此战成功，则意味着国家把定价权还给了市场，随着价格管制的彻底解体，计划经济体制将无凭借之地。从更广泛的范畴来看，与经济体制改革相配套的政治体制改革也在这时起步，1988 年 6 月 1 日，国务院颁布《村民委员会组织法》，宣布"实行村民自治，由村民直接选举产生村民委员会"。民主选举的火苗在最基层的农村点燃，在很多人士的规划中，若农村民主选举初见成效，则可由下而上，更进一局。

放眼 1988 年的世界，我们还可以看到，经济及政治上的"闯关"并不仅仅发生于中国。在社会主义阵营，从这一年的春天开始，戈尔巴乔夫在苏联展开了广泛的政治和经济变革，而在东欧地区则爆发了此起彼伏的自由化运动，其中最引人瞩目的是波兰的团结工会运动。在海峡对岸的中国台湾地区，蒋经国于 1986 年年底宣布开放党禁和报禁，国民党即将告别独裁年代。

在这样的宏观视野中,我们不难掂量出"物价闯关"对中国现代化进程的历史意义——尽管当时的决策者并未有如此纵深的意识。

闯关从 6 月份开始,在北戴河召开的政治局会议决定:"5 年理顺价格方案,前 3 年走大步,后 2 年微调,计划 5 年内物价总计上升 70% 到 90%,工资上升 90% 到 100%。"

这一闯关政策一公布,迅速震动全国。从当月开始,全国中心城市的猪肉和其他肉食价格以 70% 左右的幅度上涨,其他小商品迅速跟进。出乎决策层预料的是,"物价闯关"很快就呈现全面失控的可怕趋势,各地物价如脱缰的野马,撒蹄乱窜。当时,全国居民的存款为 3000 亿元(1992 年为 1 万亿元,2008 年为 24 万亿元),并不是一个很大的数字,但是公众的看涨恐慌心理造成全国性的挤兑和抢购风,这似乎应了凯恩斯的那句名言,"社会心理决定了人类的永久的经济问题"。8 月 27 日晚,中央召开紧急会议,宣布暂停物价改革方案。据《中国物价年鉴》记载:"1988 年是我国自 1950 年以来物价上涨幅度最大、通货膨胀明显加剧的一年。全年零售物价总指数比去年上升 18.5%,这个上升幅度又是在持续三年物价累计上涨 23.7% 的基础之上。"

1988 年的物价闯关失败,是 1978 年改革以来最大的一次经济失控,也是新中国经济改革史上最让人沮丧的事件之一。在技术层面上,此次失利与 40 年前的金圆券改革颇可前后参照,它们都因为对民众的"非理性预期"估计不足,而导致政策上的"速败",并造成不可挽回的历史性损失。它极大地改变了中国现代化的路径,使得很多在当时已经被提上日程表的改革命题拖延下来,有的甚至是无限期地拖延下来。甚至在某种意义上,"闯关"失利使得中国与全球的民主化浪潮擦肩而过。

1988 年之后,宏观经济陷入低迷,全国上下弥漫着沉闷的紧张空气。1989 年春夏之际,社会矛盾空前激烈的中国发生了一场政治大动荡。一直到 1992 年前后,经济才逐渐走出低谷,而之后的改革策略发生了重大转变。

80 年代："一切改革都从违法开始"

　　尽管 20 世纪 80 年代的改革以十分阴郁的方式落幕,然而,中国经济却迅猛发展,是亚洲地区成长最快的国家。就全球产业经济的衍变而言,中国的崛起正是全球化的一部分。1980 年第二次石油危机之后,传统制造业从美欧、日本等发达国家向新兴国家转移,这是 20 世纪的后 50 年里,最重要的一次全球化运动。中国非常敏锐及"凑巧"地抓住了这一"时间窗口",积极推行对外开放的政策,利用劳动力、土地、税收及环境成本的优势完成了一次后发性的增长。与俄罗斯、印度、巴西等新兴国家相比,中国无疑是最早、最积极,也是最成功的得益者。

　　就历代经济变革而言,20 世纪 80 年代堪与西汉"文景"、唐初贞观以及民国初期相比,是国史上少数的民营经济得到鼓励发展之时期,到 1990 年前后,乡镇企业的总数超过 1500 万家,工业总产值已占到全国总值的 1/3,实现利润265.3 亿元,超过了国有企业体系的 246 亿元。随着民间财富增加和有产者阶层的再度归来,中国似乎在一夜之间成为一个世俗社会,人们对物质的追求变得越来越炽烈,信奉"时间就是金钱",金钱可以像时间一样衡量一切价值。全社会的"官本位"意识淡化,民间流传谚语"摆了小摊,胜过县官;喇叭一响,不做省长",到 1992 年,全国至少有 10 万名党政干部离职经商。在"均贫"格局被打破的同时,贫富差距开始拉大。

　　在 20 世纪 80 年代,中央政府做对了很多事,尤其是包产到户的土地政策以及轻减财政支出的财税大包干政策,激活了民间和地方政府的积极性,而其在货币政策上的冒进则导致了 1988 年的大失利,这再度印证了土地、财政及货币在中国宏观经济治理中的核心意义。在放权让利的过程中,历史上一再出现过的景象也毫无悬念地重现,那就是权威旁落,中央财政长期处于窘迫的赤字状态,到 1992 年,全国财政收入 3500 亿元,其中,中央收入约 1000 亿元,只占总收入的 28%,地方收入约 2500 亿元,中央财政支出约 2000 亿元,赤字 1000 亿元,因此被讥笑为"讨饭财政",时任财政部部长的刘仲藜回忆道,当时连某些中央机关都已经到了不借钱,工资发不出去的境地。

相对于中央政府,地方政府则出现了自主权限扩大和苦乐不均的景象。五大包干政策极大地刺激了地方发展经济的积极性。而由于各地的包干基数是按 80 年代初期的数据核定的,所以一些在改革开放后迅速崛起的沿海省份上缴数额偏低,而传统强省(市)则相对较高。比如,上海市一年上缴数额为 120 多亿元,广东省则为 10 亿元,山东省(除青岛外)仅为 2.89 亿元。苦乐不均的结果,自然造成各自为政、"诸侯经济"泛滥的混乱局面,妨碍了国内统一市场的形成和市场经济的发展,各省俱以邻为壑,为争夺资源打得不可开交,以资源小省江苏和浙江为例,两省每年春季为了争夺春茧在交界处必打"蚕茧大战"。

总而言之,从 1978 年到 20 世纪 90 年代的最初两三年间,是民间生产力得到极大解放的时期,改革的动力来自于计划体制之外,由下而上,由外而内,因而也具有天然的违法性,曾有民间改革家自诩"一切改革都是从违法开始的"。在这一过程中,中国社会面目全非,很多坚硬的东西崩解了,四大利益集团的格局陡然改变。

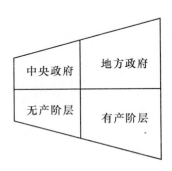

20 世纪 90 年代初期四大利益集团的新格局图

1989 年的政治风波之后,意识形态趋于保守,尽管邓小平在 1992 年重新推动经济的市场化运动,但是,自由化所可能造成的对大一统制度的威胁为最高当局所警惕,尤其是 1990 年苏联的解体以及东欧各社会主义国家的"集体变色",更是让中国共产党感到了空前的执政危机。正是在这样的背景下,"弱中央、强地方"、"弱政府、强民间"的模式遭到质疑,经济集权主义成为必然性的选择。

第十二讲

改革开放(下):集权主义的回归

在 20 世纪 90 年代之后,中国的经济政策发生了微妙的目标性转移:前十余年的目标是复苏经济,解决生产能力不足的问题,因此放纵民间,举凡有利于生产力提升的俱得到鼓励,即便突破了法律底线,亦受到容忍;自此之后,改革目标已转移为加强执政集团的领导能力,增强控制力以及在发展中获得更多的利益,于是,中央向地方收权,政府与民间争利,集权主义再度归来。

1991 年年底,年届 60 岁的朱镕基被邓小平从上海市委书记任上抽调入京,出任主管经济的副总理。朱镕基自大学毕业不久即进入国家计委,其后在石油工业部、国家经委、中国社科院工业经济研究所、上海市工作历练,熟悉宏观、产业、学术及地方经济各个环节,是一位罕见的实务及理论大家,其为人不苟言笑,以严厉、高效、清廉著称。在他的治理下,经济变革呈现出鲜明的集权化特征。

分税制:从增量改革到整体改革

朱镕基上任之后,即以霹雳手段整顿经济秩序,他采用银行注资周转和政府直接干预的方式,解决了国有企业之间的"三角债"难题,快刀斩乱麻的手法让人耳目一新，随即他兼任中国人民银行行长，对民间融资行为进行严厉打击，在争议颇大的沈太福集资案中，力排众议，将沈太福处以极刑。1993 年，中国经济再度出现投资过热，上半年全国固定资产投资增长 69％，生产资料价格总指数上涨 44.7％。国务院出台"国十六条"紧急"降温"，其中包括：提高存款和贷款利率，全面削减基本建设投资，重新审查地方批准的经济开发区，整顿海南、广西北海以及上海的房产投资热。这些措施呈现出行政主导、积极干预的明显特征，并迅速取得成效。

在这一过程中，中央政府形成了新的改革思路，在决策层看来，走过了 15 年的渐进式增量改革之路后，应该进入整体改革的新阶段，经济体制乃是一部配置资源的机器，长期在体制外打"外围战"会带来一系列的问题，因此必须把改革的对象与重点放在体制之内，使之与蓬勃发展中的、市场化的体制外力量形成制度性的匹配。1993 年 11 月 14 日，中共中央十四届三中全会召开，会议通过了《中共中央关于建立社会主义市场经济体制若干问题的决定》，明确提出"整体推进，重点突破"的新改革战略，宣布未来的改革将不只在边缘地带进攻，而且要在国有部门打"攻坚战"。

在这一战略的引领之下，吴敬琏等人提出的整体配套体制改革方案被接纳，中央政府围绕价格、财政和税收三大主题，实施了一系列的重大变革，主要政策安排包括以下五个方面。

其一，建立新的财政税收体制。将沿用多年的财政包干制改造为新的分税制，从而改变中央政府与地方政府的财政及税收关系。

其二，启动金融—银行体系的改革。建立在中央政府领导下独立执行货币政策的中央银行体制，推进现有国有专业银行的商业化经营和商业银行的多元化。

其三，进行外汇管理体制改革。宣布取消双重汇率制，自 1994 年的 1 月 1 日起，两种汇率实行并轨，实行"以市场供求为基础，单一的、有管理的浮动汇率"，人民币兑美元的汇率定为 8.72：1，比之前的官方汇率 5.7：1 贬值 33％。

其四,推进国有企业的改革。建立以股份制改造为目标的现代企业制度。

其五,建立新的社会保障制度。实行社会统筹与个人账户相结合的城镇职工养老和医疗保险制度。

这些政策中,最为引人瞩目的是分税制的提出,它对后来的中国经济格局影响最大,同时,也最具有争议性。

以分税制取代财政大包干制,目的就是改变中央政府在收入分配上的被动局面。在朱镕基和他的幕僚们看来,中央与地方政府的财权和事权必须进行重新的"合理设置",否则,宏观调控将缺乏坚实基础。如果中央政府在改革中行动迟缓,地方则积极试点和力求扩展,那么,加快改革很容易被理解为自下而上地冲破中央的领导和管理。

1993 年 7 月 23 日,朱镕基在全国财政会议上首次正式提出分税制的想法,一个多月后,分税制改革的第一个方案出台,中央将税源稳定、税基广、易征收的税种大部分上划,消费税、关税划为中央固定收入,企业所得税按纳税人隶属关系分别划归中央和地方;增值税在中央与地方之间按 75∶25 的比例分成。为了说服各省,朱镕基在随后的两个多月里,奔波全国,一一说服,其间颇多拉锯、妥协。那段时间,朱镕基压力非常之大,到处都是反对之声,他首站去的就是在财政大包干制度下得益最大的广东省,自谓"不入虎穴,焉得虎子"。朱镕基成功地说服了广东省,作为"代价",他同意将土地出让收入部分归于地方政府,这为日后的"土地财政"埋下伏笔。①

分税制的实施成效非常显著,在这项制度执行的第一年——1994 年,中央的财政收入比上一年猛增 200%,在全国财政总收入中所占的比重由上年的22%急升至 56%,但财政支出在全国总支出中所占的比重比上年只增加 2%。

分税制的推行是改革史上一个转折性的事件,它带来的最重要的结果,是中央在经济权力和利益的分配中重新获得主动权。从 1995 年到朱镕基退任的

① 朱镕基:《朱镕基讲话实录(第一卷)》,人民出版社 2011 年版,第 317—371 页。

2004 年,中央财政收入平均占国家财政总收入的 52％,但财政支出平均只占国家财政总支出的 30％。

在制度原理上,分税制是一项联邦财税制度,世界上大多数市场经济国家均采用不同形式的分税制,然而这一制度在中国却发生"变异",成了中央实现经济集权的手段。作为分税制的首倡者之一,吴敬琏在晚年对这一制度的实行现状非常不满,在他看来,推行分税制的前提是必须清晰地划分中央与地方的事权和支出分配,然而这两项都被刻意地"回避"了。[①]

首先是事权不清,特别是中央政府,将公共服务部分的大部分支出转嫁到了县以及县以下的政府头上,以 2004 年为例,地方财政收入在全国财政总收入中约占 45％,但财政支出却约占全国财政总支出的约 72％。在教育事业费上,中央财政支出 219.64 亿元,而地方财政支出 3146.30 亿元,是中央的 14 倍多;社会保障补助方面,地方财政支出是中央的近 7 倍;支农支出是中央的 10 倍。在中央上收省里的部分税权的同时,地方也上行下效。省里上收地市政府的财政税收,而地市一级就上收县乡财政税收,其结果是,省级以下地方政府的财权只余下不到 17％的水平,却要负担 80％的民生和绝大部分公共事务的支出。由于"支出责任"的过度分散化,逼得地方政府不得不把自己变成"企业"去赚钱。

其次是转移支付制度不完善,中央将大部分税收持于手中,却不公开财政支出细目,拒绝建立对话协商机制,应转移到地方的那部分从来不与地方讨论,不接受监督,而是以"项目建设"的方式落实,投资及决策权力集中于国务院的发展改革委员会及各大部委,地方政府毫无话语权,只好在北京设立"驻京办",出现了所谓"跑部钱进"的恶劣局面。地方一"跑部",中央的权威当然就至高无上了。

这两个问题,直白地说就是:地方把大部分的钱交上去了,但要花的钱却越

---

① 吴敬琏:《当代中国经济改革:战略与实施》,上海远东出版社 1999 年版,第 319 页。

来越多,中央把大部分的钱收上来了,但怎么花却从不跟地方商量。C. E. 林德布洛姆在《政治与市场:世界的政治—经济制度》一书中指出,政治权力制度在更宏观的层面上为经济运行规定了一种基本环境,形成了所谓的"统率性规则"。① 基于联邦政体的分税制在中央集权政体的中国发生"变异",正是这一规则的生动体现。

1998 年的"三驾马车"

1998 年 3 月,朱镕基当选新一届的国务院总理。在全国"两会"的记者招待会上,他即席慷慨发言,宣称:"不管前面是地雷阵还是万丈深渊,我都将一往无前,义无反顾,鞠躬尽瘁,死而后已。"也正是在这一年,他为日后的中国经济打造出了"三驾马车"。

从 1997 年夏季开始,美国的对冲基金狙击亚洲各国货币,引爆"亚洲金融危机",泰国、马来西亚、菲律宾、印尼及韩国的资本市场相继失守,菲律宾、马来西亚和印尼的中产阶级财产分别缩水 50％、61％和 37％,中国香港地区、新加坡和泰国的居民资产则跌去了 44％、43％和 41％。金融风暴肆虐周边各国和地区,自然会影响到中国的产业经济和民众心态,股市陷入低迷,消费市场更是一派萧条,到 1997 年中期,全国的工业库存产品总值超过了 3 万亿元,出现了"结构性过剩"的现象。朱镕基曾在会议上承认,95％的工业品都是供大于求,"东西多了,没有不多的"。更让人担忧的是,当时国有企业的下岗工人总数达到了创纪录的 1275 万人,其中只有少数人找到了新工作。1998 年 6 月,长江流域遭受百年一遇的大洪水,29 个省市受灾,死亡数千人,经济损失巨大。在金融

---

① 参见 C. E. 林德布洛姆:《政治与市场:世界的政治—经济制度》,王逸舟译,上海人民出版社 1997 年版。

危机和天灾的双重打压下,中国出现了自 1988 年之后的又一次大萧条。

正是在这种"稍有不慎,便可能跌入万丈深渊"的时刻,朱镕基以三大经济政策,将中国经济拉出泥潭。

首先,启动城市化建设。朱镕基宣布实施"积极的财政政策",从 1998 年到 2001 年间,政府发行长期建设国债 5100 亿元,各大国有商业银行发放同等额度的"配套资金",主要投资于基础设施建设,如修建高速公路、铁路和大型水利工程等,同时,中央银行先后七次降低存贷款利率,增加了货币供应。

其次,开放外贸的进出口自主权。国务院相继出台政策允许民营企业自营出口,大大刺激了外贸的积极性。亚洲金融危机后,亚洲四小龙经济元气大伤,相对而言,未受重创的中国经济则出现了"水落石出"的效应,价廉物美的中国商品开始远征全球,从而催生了"中国制造"的繁荣景象。

最后,刺激内需,开放房地产市场。1998 年 7 月,国务院作出重大决定,党政机关一律停止实行了 40 多年的实物分配福利房的做法,推行住房分配货币化。几乎同时,中国人民银行颁布《个人住房贷款管理办法》,允许商业银行开展住房按揭贷款的服务。这两大措施,直接刺激了房地产业的复苏。

这三大政策分别着力于投资、出口和内需,由此构成拉动经济复苏的"三驾马车"。在哀鸿遍地的 1998 年,中国经济率先触底反弹,"否极泰来"。正如全球经济史上一再发生的景象一样,一次重大的经济危机往往会伴生出一个经济强国,在危机四伏的亚洲金融风暴中,中国幸运地扮演了这样的一个角色,它不但没有被击倒,甚至逆流而上,一举取代日本而成为亚洲经济的火车头。

国有企业的绝地复苏

在朱镕基出任国务院副总理之前,国有企业改革一直以放权让利和推行承包制为主要手段,至 1992 年 6 月,国务院还颁布了《全民所有制工业企业转换经营机制条例》,赋予企业 14 项经营自主权。然而,这些试图绕开产权清晰而展开的种种放权性措施,都被证明是极其失败的。进入 1995 年之后,国有企业的经营状况持续恶化,几乎到了难以为继的地步,国务院发展研究中心的一份报告显示,国有企业的亏损面超过 40%,企业负债率平均高达 78.9%,与 10 年前相比,资产增长了 4.1 倍,债务则增长了 8.6 倍。

朱镕基很快放弃了沿袭了十多年的思路。他认定国家已经无力照顾数以十万计的"亲生儿子",必须有所放弃。1995 年 9 月 28 日,中共十四届五中全会通过了《中共中央关于制定国民经济和社会发展"九五"计划和 2010 年远景目标的建议》,对国有企业改革提出了新的思路,宣布实行"抓大放小"的改革战略。

所谓抓大,就是模仿日韩的大公司模式,选择一些有市场竞争力的企业,在金融信贷政策上予以扶持,通过"实业—金融"混业经营模式使之迅速壮大。1996 年,中央政府对 1000 户重点企业中的 300 家明确了各种信贷扶持政策。同时,国家经贸委宣布,未来几年将重点扶持宝钢、海尔、江南造船、华北制药、北大方正、长虹这 6 家公司,力争使它们在 2010 年进入"世界 500 强"。在中央政府确定了"国家队"之后,各省应声而动,纷纷开出自己的扶持名单,宣布将在若干年内将它们送进"中国 500 强企业"之列,而各地市则相应地提出了打造"省级百强企业"的构想。

所谓放小,就是将那些经营业绩不好、非支柱产业中的地方中小型国有企业以"关停并转"为名,向民间出售,若无人要,则予以破产。此举在当时的意识形态领域引起很大争议,保守者视之为"国有资产流失",有人写"万言书"控诉朱镕基是国有经济的"败家子"。

然而到 1998 年,"抓大放小"战略忽然终止。在亚洲金融危机中,日本及韩国很多奉行混业经营模式的大财团相继陷入困境,特别是曾排名世界 500 强第 28 位的韩国大宇集团的破产,给中国经济界以极大的刺激。此后,"抓大"战略悄然转轨,国有资本开始逐渐从纺织、家电、食品等竞争性领域中退出,转而在资源、能源、重化工等所谓战略性部门形成了主导和垄断的地位,这些领域中的国有资产进行了大规模的重组。在当年，这一策略被称为"国退民进"，此所谓"退"，并非指国有经济退出产业领域，而是退缩到产业的上游地带，以形成寡头或多寡头经营的优势。

"国退民进"运动从 1997 年开始试验，1998 年大规模推广，一直到 2003 年进入尾声，它意味着 20 年来以机制转换和放权搞活为主题的国有企业改革运动的悄然终结，中国企业的所有制格局为之一改。2002 年，一份《中国私营企业调查报告》显示，在过去的 4 年里，有 25.7％的被调查的私营企业是由国有企业和集体企业"改制"而来，在这些企业中，以东部地区的所占的比重最大，为45.6％，也就是说，将近一半左右的东部私营企业是由国有企业改制而成的。

一个令人吃惊的事实是，作为国有企业改革最重大的战略调整，"国退民进"一直没有形成一个全国性的、法制化改革方案，这是这次改革最奇异的地方，各地依照"摸着石头过河"的思路，八仙过海，各显神通，出现了数十种产权量化出让的手法。国有企业经营者与地方政府、银行上下其手，据国有资产为己有，而数以千万计的产业工人则以"工龄买断"的方式（一般是一年工龄折算为 800 到 2000 元，南方低，北方高）被迫离开工作岗位。

有一个细节应该被记录下来：当时官方的统计显示，全国下岗工人的总量约为 1500 万人，成了非常可怕的"社会炸弹"。在 1998 年前后，世界银行和国务院体改办课题组分别对社保欠账的数目进行过估算，一个比较接近的数目是2 万亿元。一些经济学家和官员建议，划拨近 2 万亿元国有资产存量"做实"老职工的社会保障个人账户，以补偿这些下岗工人为改革所付出的代价。2000 年年初，国家体改办拟订了相关计划，最终却遭到国务院的否决，其理由是"把国有资产变成了职工的私人资产，明摆着是国有资产的流失"。晚年吴敬琏在评论这一往事时，用了八个字："非不能也，是不为也。"

产权清晰化运动中的经营层暴富以及上千万产业工人的被抛弃，再次展现出中国经济变革的残酷一面：非均衡的发展造成非均衡的财富分配，在经济复苏和物质财富增长的过程中，基层农民及产业工人付出了最大的代价。

"大国崛起"与朱氏逻辑

朱镕基在 1994 年和 1998 年的两次精彩表现，让他成为 20 世纪末最后几年里全球最引人瞩目的政治家和经济治理大师。在之后的 2001 年，他又通过艰难的谈判，率领中国加入了世界贸易组织。在他的治理下，中国创造了连续 12 年没有爆发通货膨胀、年均 GDP 增长率高达 9％的经济奇迹，CPI（消费物价指数）长期低于 3％（1998 年到 2001 年，CPI 分别为－0.6％、－1.3％、0.8％和 0.7％）。这段时期堪称当代中国历史上经济发展最快的"黄金时期"，也是自 19 世纪 70 年代洋务运动之后，国民财富积聚最多的"大国崛起"年代，在此期间，中国的经济总量相继超过了法国、英国和德国，跃居世界第三。

中国经济在产业结构、国有经济赢利模式、制造业格局、地方财政收入模式以及国民财富分配等方面，均发生了戏剧性的重大转变。

首先是产业结构从轻型化向重型化的战略性转型。

随着公路交通投资以及房地产市场的升温，中国从此进入城市化建设的新时期，各种原材料及能源因紧缺而价格一路飞涨，特别是水泥、钢铁的价格到了"一月三价"的地步，进而刺激了对上游产业的大规模投资。2002 年，全国钢铁行业的投资总额为 710 亿元，比上年增长 45.9％，2003 年，这个数字达到了 1329 亿元，投资增长 96％。与钢铁行业类似的是，电解铝的投资增长了 92.9％，水泥投资增长了 121.9％。

与能源产业投资热的迅猛升温几乎同时展开的是，国有企业集团正策略性地向产业上游领域"退缩"，它们因此成为了此轮投资浪潮的最大获益者。到 2003 年前后，国有经济的面貌已焕然一新。朱镕基离任前的最后一项重要布局是设立了国有资产监督管理委员会，将垄断能力最强、资产规模最大的 189 家超大型国有企业定义为"中央企业"，其资产总额 7.13 万亿元，所有者权益 2.59

万亿元,基本聚集于石油、钢铁、金融、通信等传统垄断性产业,这些"中央队"成为国有经济的"基本盘"。

在产业的中下游,由民营企业集团控制的服装、食品及机械、电子制造产业则成了外贸政策放松的获益者,广东、浙江以及江苏等省的中小企业纷纷转战国际市场,制造能力得到了极大的释放,"Made in China"对全球的制造业格局产生了深远的、不可逆转的影响。

房地产市场的"松绑"则带来三个重大效应。

其一,在分税制改革中丧失税源的地方政府以出让土地为主要增收手段,以"城市经营"为名,大肆炒作地价。2005 年,全国地方财政收入 1.44 万亿元,而同年,作为地方政府预算外收入的土地出让金收入高达 5500 亿元,约为 1/3,到 2012 年,土地出让金收入已达到 2.68 万亿元,占地方财政收入的 48.4%,加上 1.8 万亿元的土地相关税收收入(其中一小部分与中央分享),地方政府对土地形成严重的依赖。地价高涨不止,成为困扰中国经济的一个顽症。

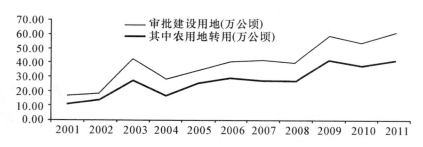

全国审批建筑用地走势图(图片来源:民生证券研究院)

其二,房地产替代制造业成为新的高赢利产业。到 2001 年,名列《福布斯》中国富豪榜的前 100 位的富豪中,有六成来自地产业,其后十余年这一比例从未下降过,这当然让从事制造业的企业家们非常沮丧。在美国历史上,尽管也有地产暴涨的时期,但在名列全美前 100 位的富豪中,地产商的比例从来没有超过 5%。

其三,随着中心城市房价的持续上涨及货币的大规模增发,越来越多的城市居民购买房产,视之为财富增值及抵抗通货膨胀的避险性投资,在后来的十余年内,房价水涨船高,成为民间财富配置的"变压器"。农民、城市低收入阶层以及刚刚进入职场的年轻人,在这轮财富暴涨期中几无所得,尤其是 80 后、90 后一代,不得不将未来的 20 年乃至 30 年生命"透支"于一套房子。

上述演变呈现出非常清晰的轨迹,构筑出 21 世纪中国的基本面貌,直至今日,所有的经济特征仍未跳出朱镕基当年布下的"变革之局"。在这一过程中,四大利益集团的格局也赫然变形。1994 年之后的重新集权是一整套精心设计的关于国家能力建设的制度改革,中央政府重新获得了经济的主导权,并通过灵活的货币、信贷和产业政策,将之牢牢握于手中。

朱镕基的经济思想很难笼统地用"计划经济"或"市场经济"来定义,事实上,他遭到过来自保守派及自由派两个方面的猛烈夹击。1996 年 12 月,朱镕基观看话剧《商鞅》,当演至商鞅被车裂而死时,他"为剧情所动,潸然泪下"。这是一个很有历史寓意的场景。更准确地说,朱镕基既不是保守派,也不是自由派,他确乎是一位倾力重塑中央权威的经济集权主义者,在中国历史上,堪与之相比较的正是那些才华超众、褒贬不一的集权主义大师们——从商鞅、桑弘羊、刘晏、王安石到宋子文。也许很多年后,人们仍然会为如何评价朱镕基而争论不休。

从铁本案到四万亿计划:第六次"国进民退"

任何制度如同胚胎,一旦形成便会惯性生长,具有自我实现的能力,若没有良好的制衡性机制,其最终的形态甚至会超出设计者的初衷和预期。20 世纪 90 年代之后的中国正陷入这样的制度惯性之中,缺乏地方政府和民间势力制衡的中央集权日渐对经济发展造成了负面影响,与自由资本构成竞争和压抑后者的格局,尤为独特的是,这是一个不自觉的过程。

2002 年 10 月，中共召开"十六大"，大会报告中描绘了未来中国经济的成长模式，提出要转变经济增长方式，走一条"科技含量高、经济效益好、资源消耗低、环境污染少、人力资源优势得到充分发挥的新型工业化路子"。由此可见，在内需和外贸两头旺盛的景象下，高效率的集约化改造是市场竞争的必然结果。

可是，十年之后来看，这条新兴工业化道路并没有呈现出来，原因正在于：第一，持续的城市化运动使得高能耗的重型化投资仍然有巨大的利益空间；第二，居于产业上游的国有企业因垄断而坐享其利，根本没有提高科技投入的积极性，而居于产业中游和下游的民间资本则受困于产业和金融管制，无法发挥其积极性。

民营资本遭受排挤的景象，从 2003 年年底就开始出现了。当时，面对发生在能源领域的投资热潮，国务院下达《关于制止钢铁、电解铝、水泥等行业盲目投资若干规定的通知》，并组织来自审计署、发改委、财政部、国土资源部、建设部、农业部、商务部、人民银行等部门的人员，组成 8 个督查组分赴各地清查。清查重点便是那些进入三大行业、"盲目投资"的民营企业。其中遭到高调处理的是江苏常州的铁本钢铁公司，温家宝总理亲自飞抵苏州督战，九个部委组成专项检查组赶赴常州对铁本进行全面检查，认定了"越权分拆审批、违规征地拆迁、骗取银行信贷、违反审贷规定、大量偷税漏税"五大罪状，将之定性为"一起典型的地方政府及有关部门严重失职违规、企业涉嫌违法犯罪的重大案件"，铁本董事长戴国芳被捕入狱。

以此为分水岭，许多民营企业在钢铁、电解铝及水泥等行业的投资项目纷纷搁浅。然而，就当民营资本被严令喊停的时候，国有资本则纷纷大踏步挺进。以"投资过热"最为严重的钢铁业为例，在严厉处理铁本的 2004 年，全国只有两家钢铁厂的钢材产量超过 1000 万吨，而到 2005 年则一下子猛增到了 8 家，其中除了沙钢，均为国有大型企业。到 2006 年 3 月，在羁押两年之后，戴国芳受审罪名为"虚开抵扣税款发票罪"，当初被九部委铁板认定的"五宗罪"无一被指控。

民营资本在 2004 年的惨败,令人印象深刻。时任全国工商联主席黄孟复曾用"玻璃门"来形容民营企业所面临的尴尬局面,他描述道:"一些行业和领域在准入政策上虽无公开限制,但实际进入条件则限制颇多,主要是对进入资格设置过高门槛。人们将这种'名义开放、实际限制'现象称为'玻璃门',看着是敞开的,实际是进不去的,一进就碰壁"。在一次恳谈会上,浙江万向集团的鲁冠球当面请教温家宝,对铁本的处理是否意味着国家政策的转变。

民营企业家们的失望情绪曾让决策层颇为紧张,2005 年 2 月,国务院发布《关于鼓励支持和引导个体私营等非公有制经济发展的若干意见》,这是新中国成立以来首部以促进非公有制经济发展为主题的中央政府文件,其中有放宽市场准入、加大财税金融支持、改进政府监管等多项措施,因文件内容共 36 条,这份文件通常被简称为"非公 36 条"。这份文件一度被视为民营经济的重大政策利好,可是,从日后的执行来看,几乎均无落实。

事实上,在经历了 2004 年的宏观调控后,国有资本与民营资本的产业界线已然划定:前者在资源、能源性领域取得了垄断性的地位,而后者则被压缩在中下游的产业领域,如历史上一再出现的景象,两者楚河汉界,泾渭分明。因垄断的生成,国有企业集群的效益出现全面复苏,在国资委成立后的三年里,中央直属企业的主营业务收入增长 78.8%,年均递增 21.4%;利润增长 140%,年均递增 33.8%;上缴税金增长 96.5%,年均递增 25.2%;国有资产保值增值率达到 144.4%。2006 年,民营企业家、万通集团董事长冯仑撰文描述了民营企业的失望情绪和可悲的生存之道:"民营资本从来都是国有资本的附属或补充,因此,最好的自保之道是要么远离国有资本的垄断领域,偏安一隅,做点小买卖,积极行善,修路架桥;要么与国有资本合作或合资,形成混合经济的格局,在以自身的专业能力与严格管理为国有资本保值增值的同时,使民营资本获得社会主流价值观的认可,创造一个相对安全的发展环境。……面对国有资本,民营资本只有始终坚持合作而不竞争、补充而不替代、附属而不僭越的立场,才能进退裕如,持续发展。"这段文字心酸悲观,颇可以与 1945 年荣德生的那封写给政府的书信前后呼应。

2008 年秋季,全球爆发金融危机,中国的外贸产业严重下滑,自此结束了长达十年的黄金时期,而国内经济也出现衰退和萧条迹象,中央政府在年底果断推出"四万亿经济刺激计划",全面加大铁路、公路、城市轨道交通等基础设施建设,使得中国经济在半年后率先"V 形见底反弹",在这一投资热潮中,国有企业得到超过九成的信贷款项,民营企业再次成为"旁观者"和下游承接商。

2010 年 5 月,国务院再次下达了一份鼓励民营经济发展的文件,名为《关于鼓励和引导民间投资健康发展的若干意见》,鼓励和引导民间资本进入基础产业和基础设施、市政公用事业和政策性住房建设、社会事业、服务等领域,时称"非公新 36 条"。然而这一次民间资本对此类宣示表现得已远不如五年前那么积极。

在国资委成立的十年里,国有资本集团重新成为国民经济的主力。来自全国工商联和国资委的资料表明,截至 2012 年年底,全国私营企业数量为 1085.72 万户,注册资本 31.1 万亿元,实现营业收入 20.1 万亿元,而归属于国资委的中央企业数量为 120 家,资产总额 31.2 万亿元,实现营业收入 22.5 万亿元。"中央队"呈现出"以一敌十万"的强悍实力。在赢利能力上,央企的表现更是耀眼,仅五家国有银行的全年利润就超过 1 万亿元,相当于全国民营企业 500 强的净利润总和的两倍。与国企相比,民营企业只在就业一项上取得了绝对性的优势:它们解决了 90% 的就业人口。

在国有资本集团空前强大的同时,民营资本集团出现疲软之势,大量资金从实体经济中撤出,或用于奢侈消费,或用于投机牟利,有产者阶层出现了移民潮。据中国与全球化研究中心发布的《中国国际移民报告(2012)》显示,个人资产超过 1 亿元的超高净值企业主中,有 27% 已移民,47% 正在考虑移民,理由为"不安全、不方便、不幸福",另外,胡润研究院发布的《2013 中国千万富豪品牌倾向报告》显示,对当前经济仅有 25% 的企业家"非常有信心",三年前为 56%。在一个连续四年保持全球经济增长第一的国家里,竟有超过七成的企业主对经济的前景缺少信心而欲离开，这是一个令人难以理解和需要警惕的事实。

在中国百年现代化历史上，从铁本案到"四万亿计划"，可以被看成是继1945 年敌产国营化及 1956 年公私合营运动之后的第六次"国进民退"，也可谓又一轮"放权—集权"的历史性周转。

与前五次"国进民退"所不同的是，在这一轮资本博弈中，决策层表现出了极度矛盾和分裂的戏剧性心态，在国有资本的两次大规模挺进中，中央政府又先后两次颁布鼓励民营经济发展的重要文件。由此，我们最近距离地观察到了中国经济治理的经典性困境：国有经济被认定为中央集权和政权稳定的经济、政治保证，而民营经济则承担提高生产效率和创造就业的职责，两者之间的竞争关系始终无法得到合理的调配，最终造成资源配置和财富分配的不合理，从而导致经济成长的畸形化。决策层对这一冲突并非没有察觉，而是陷于技术性的困顿。在 2012 年 3 月全国人大的政府工作报告中，温家宝总理提出了改革中的"两个毫不动摇"，即毫不动摇地巩固和发展公有制经济，毫不动摇地鼓励支持和引导非公有制经济。那么，这两个"毫不动摇"孰轻孰重，一旦前者"动摇"了后者，或后者"动摇"了前者，又当如何处置？

发展与公平：2013 年的双重困境

2012 年年底，中共"十八大"选举产生了以习近平为总书记的新一代中央领导集体。此时，改革进入第三十五个年头，中国经济如同一艘帆船，驶进了一段看似平静却暗流涌动的大峡谷。

其一，"三驾马车"成跛脚之势，经济增长速度放缓。 外贸经济受国际环境影响始终复苏乏力，外贸物量的增速只有 5.7%，大量外向型中小企业歇业破产；一直是内需和地方财政收入支柱的房地产从 2009 年年底开始因过热而遭到严厉调控，受其影响，钢铁、水泥、机械装备等重型产业全行业亏损；中央政府从 2012 年 5 月起再次押宝于投资,加大了铁路、城市轨道等基础设施的投资。在 2012 年,全年 GDP 增长 7.8%,创下自 1999 年以来经济增速的最低值。

其二,货币严重超发,通货膨胀压力巨大。2003 年以来,中国进入了一个宽松货币政策时期,年均的货币增发量一直是 GDP 增速的 2~3 倍,广义货币总量从 2002 年年底的 18.3 万亿元猛增到 2012 年年底的 97.4 万亿元,一举超过美国的 8.8 万亿美元,成为全球货币发行量最大的国家,而中国的 GDP 只有美国的 52.5%。

其三,实体经济持续低迷,地方政府债台高筑。因产业转型乏力以及受地产调控的拖累,处于产业中下游的制造业普遍开工不足,而一直依赖土地收入的县市财政捉襟见肘,地方政府的债务总额从 2008 年的 2 万亿元增加到 11 万亿元,不堪其重。为了完成经济增长的"硬指标",各地政府不得不"饮鸩止渴",一方面加紧对民间的征税,另一方面仍然疯狂投资。

除了经济面的"发展困境"之外,更大的"公平危机"发生在社会层面。

三十多年的改革总体而言,是一个全民普惠的过程,然而,受惠的比重却大有不同,根据多家机构的数据显示,中国当前的基尼系数已接近 0.5,这意味着贫富差距的拉大,财富分配的极不公平,因此,在知识界,对"权贵资本主义"的警告不绝于耳,在民间,存在着仇富、仇官心理。2013 年的中国,似乎正在成为一个"失去共识的年代"。那些耳熟能详的邓氏语言如今都被打上了质疑的问号,比如"让一部分人先富起来"、"不管白猫黑猫,抓住老鼠就是好猫"、"摸着石头过河"、"发展是硬道理",等等。

百年现代化进程中的几个原则性理念也遭到了空前的质疑。

中国的现代化开始于一个巨大的历史悲剧,列强入侵,帝国羸弱,如李鸿章所疾呼——中国面临"三千年未有之变局,三千年未有之强敌",所以国家强大成最强烈乃至唯一之全民共识。时至今日,中国的经济总量已然超越日本,而且将在未来的十多年内超过美国,不可谓不是一大强国矣。于是,在许多国民心中,新的问题已经油然而生:国家富强,与我何干? 如果我的国家是全球第二或第一大经济体,可是,我买不起房、看不起病、上不起学,我的家园要被强拆,我的子女要喝毒奶粉,那么,强国的意义又在哪里? 强国与利民本是相互依存的命题,当后者不至,前者自然暗淡。

当今中国的四大利益集团都形成了各自的利益格局,而且均非常强大,拥有各自的话语权和利益判断标准,然而,共识缺乏,目标多元,公平——政府与民间的公平、中央与地方的公平、有产者与无产者的公平——成为一个最为重大、亟待化解的社会改革命题。

若将 2013 年放诸"历史的三峡"中,我们看到的是一个既熟悉又陌生的中国。

回到历史的基本面

　　展读至此，你也许会认同我的这个观点：如果不研究历代经济的变革，其实无法真正理解当前的中国。

　　在这本书中，我们的解读一直围绕着几个关键词：财政、货币、土地、产业政策。在这些看似枯燥却有着各自魔力的经济名词背后，涌动着的是四大利益集团的权益分配与贫富均衡。这是一个漫长的、以大一统为主题的大国游戏，某种意义上，它与一切贴着"某某主义"标签的意识形态主张无关，当然也不是103岁的罗纳德·科斯所归结的"人类行为的意外后果"。

　　在我创作本书的2013年3月，新一届中央政府领导人履新上任，关于经济改革的"顶层设计"再次成为十分热烈的话题，其中不乏各个利益阶层、左中右的意见。让人遗憾的是，我们还没有看到一个成熟的、为各方接受的方案。作为一个经济史和当代公司案例的研究者，我并没有能力完成方案设计的工作，在这里，我试着回到"历史的三峡"之中，给出几个基础性的判断。

一个不容置疑的前提："统一文化"是一切自由化改革的边界

　　由于中华民族对国家统一的天然、终极性诉求，在两千多年的时间里，中国一直保持着中央集权的政治体制,在历史上,从来没有另外一种政治制度能够保证统一的维持。也正是在这个意义上,中国对集权的容忍度远远高于其他国家。而这种国家治理逻辑显然与西方在工业革命以后形成的自由贸易和市场经济原理,存在内在的冲突性。

自由化的市场经济变革势必将削弱中央的集权能力,最近两次短暂的放权型变革试验——即民国初期(1916—1927年)和改革开放初期(1978—1989年),尽管刺激了民间经济的高速发展,然而都没有寻找到维持社会稳定的良方。尤为可怕的景象则是,若分权失控,一些边疆地区出现独立事件,则更是任何改革者所无法承受的代价。所以,我们必须理智地承认,"统一文化"是一切自由化改革的边界。

这是一个十分痛苦的结论,也许我们这一代人终其一生都无法找到其他的抉择。

中华民族之外的外部人,其实无法真切地理解其中的苦衷。以研究货币和帝国政治经济史闻名的英国历史学家尼尔·弗格森在自己的著作中写道:"更近期的一种西方学术假设是,中国长期以来的政治大一统给这个国家的技术和战略发展带来了窒息性的效果。"[①]这似乎是西方学界的共识,然而,这种笼统性的结论很可能把中国问题引向一个简单化的、非此即彼的归宿。

我们看到的历史事实是,政治大一统曾经在长达一千多年的时间里让中国的文明程度和经济成长领先于世界。如果说,大一统给这个国家的技术和战略发展带来了"窒息性的效果",那么,这是制度必然的逻辑推导,还是制度劣质化之后的结果?而答案如果是后者,那么,有没有一种良性化改造的可能性?最近三十多年的中国经济大崛起,又将弗格森式的结论带入了一个新的矛盾境地:此次经济改革是中国共产党人作为一个执政集团,打破计划经济意识形态

---

① 尼尔·弗格森:《巨人:美国大帝国的代价》,李承恩译,华东师范大学出版社 2007 年版,第 234 页。

的迷思,以实用主义的方式重新寻找到发展经济、稳定政权模式的过程,在大一统的框架之下,中国实现了自工业革命以来,全世界最长久的可持续增长——除了中国,没有一个国家的经济增长以年均 9% 的速度保持了 30 年之久。

生活于 21 世纪的中国人,大抵都已具备一定的现代意识,对专制独裁的厌恶及反对日渐成为社会常识。时至今日,民间呼吁推进法治化、维护司法独立、强化民主监督的声浪日渐高涨,决策层也不断释放正面信息,习近平总书记表示共产党愿意接受"最尖锐的批评",要求"把权力关进笼子",李克强总理更在就职新闻发布会上感慨"触及利益比触及灵魂还难",并承诺"依宪治国","使明规则战胜潜规则"。这些都表明,中国的政治治理也许在未来有得到一定程度的改善的迹象。

不过,历史是否真的会以塞缪尔·亨廷顿和弗兰西斯·福山的方式"终结",始终还是一个令人好奇的问题。很多研究东亚模式的学者都发现,市场导向的专制主义国家在经济发展初期肯定比民主国家的速度更快。可是,在人均 GDP 破 3000 美元之后,便可能陷入"中等收入陷阱",治理体制与经济发展的冲突变得难以调和。中国的人均 GDP 在 2008 年达到 3400 美元,四大利益集团之间的矛盾也正是在这之后变得尖锐起来。新加坡学者郑永年在《中国模式:经验与困局》一书中提出过自己的困惑:"在西方,是经济的发展、资产阶级和其他社会力量的崛起最后驯服了专制的国家权力,但是在发展中社会,国家(或者政府)必须生产出资本主义并推动经济发展"。进而,他提出的理论难题是,"在西方,正是社会力量的壮大才驯服了国家力量。但是当社会经济的变迁要由国家来推动时,谁来驯服国家权力呢?"①

目前的东亚各国及地区,菲律宾的改革失败了,新加坡的改革充满争议,韩国经验难以复制,越南的改革让人期待但前途未卜,中国台湾地区实现了民主但经济陷入停滞。作为一个"超级大国",中国面临的困难比上述列国及地区都

_____

① 郑永年:《中国模式:经验与困局》,浙江人民出版社 2010 年版,第 43—44 页。

要大很多。当今中国,极左的民粹主义和极右的自由主义,如同两条随时可能失控的大龙,盘旋在上空,为改革增添许多的不确定性。一旦中国因改革失误而发生动荡,对东亚乃至全球经济和政治格局的冲击远非百年前可比,恐怕世界都没有做好准备。

任何形式的激进主义,在中国都如同一盏大红灯笼上的配饰,而非光亮本身。所以,一个保守性的结论是:在看得见的未来,中国的经济和政治改革很可能是一次以自由市场化为取向、以维持"统一文化"为边界、在民主法治与中央集权体制之间寻找平衡点的非西方式改革。内在的问题与生俱来,需要寻找出一种"基因突变"式的解决之道。这次变革的时间长度很可能超过我们这一代人的生命长度。

两个永恒性的主题:分权与均富

两千多年以降,中华经济治理的永恒主题只有两项,一曰分权,一曰均富。

在历史上,我们一再看到这样的景象,中国因拥有最广袤的内需市场和喜乐世俗消费的民众,经济的复苏从来不是一件特别困难的事情。早在 20 世纪 30 年代,历史学家傅斯年就给出过一个经济兴衰周期说,根据他的观察,中国只要有 70 年稳定期,必定重获大繁荣,从秦末大乱到"文景之治",从隋文帝统一到唐太宗的"贞观之治",从宋太祖结束五代十国到范仲淹一代的中兴,以及清代的"康乾盛世",期间均不过两三代人。在他看来,中国若无战乱,十年可恢复,三十年可振兴,五十年到七十年必成盛世。在这样的史观下,1978 年之后中国经济的复苏,以及在未来的二十年内,中国经济总量超过美国而再度成为全球第一大经济体,似是周期重演,乃"必然"发生的大概率事件。

然而,除兴盛规律之外,历朝历代的经济治理还有"先开放、后闭关"的规律,往往一开放就搞活,一搞活就失衡,一失衡就内乱,一内乱就闭关,一闭关就落后,一落后再开放,朝代更迭,轴心不变,循环往复,无休无止。过往的汉、唐宋、明清、民国,莫不落入这一闭环逻辑。而导致这一周期性治理危机的根本原因,正在于权益和财富分配的失衡。

在中央集权体制之下,所谓分权,主要指的是两类分权,即中央政府与地方政府的权益分配、政府与民间的权益分配。在我看来,这两种分权存在内在的关系,若没有中央对地方的分权,政府对民间的分权便不可能发生。

早在封建制度形成的最初时期,中央与地方的集权—分权矛盾便已爆发,"文景之治"末期的晁错削藩以及因此引发的"七国之乱"便是表现得最突出的事件。中华民国时期,国民党人始终没有处理好中央政府与地方军阀之间的关系。1949 年之后,强势的毛泽东多次摇摆于"集分"之间:1950 年,地方财政收入一律上缴中央,实行收支两条线,是为高度集权;1956 年,毛泽东发表《论十大关系》,开始充分放权;1962 年,"七千人大会"召开,强化集中制和全国一盘棋,再次集权;1966 年,"虚君共和"、"连人带马全出去"的提出,又是大放权;20世纪 70 年代,国民经济发生系统性紊乱,中央再度大集权。1978 年改革开放之后,中央与地方的权益分配模式又有两个阶段——以 1994 年的价财税整体配套体制改革为界,前期的"财政包干、分灶吃饭",是为大放权时期,因分权过度而形成"弱中央、强地方"的格局,于是在其后,以实施分税制为手段重新实行集权。

2008 年全球金融危机之后,中国经济进入新的调整期,中央与地方在经济领域的矛盾呈激化之势,中央财政及一百多家中央企业的获益能力越来越强,而地方收入则严重依赖于土地财政,2012 年年底开始试行的"营改增"更是从县区收入中划走一块。在今后,随着城镇化战略的实施以及各项社会保障制度的健全,地方支出的需求不是减少而将大幅增加,因此,重新调整中央与地方的财政关系,扩大地方政府的行政权限和良性增收能力,已是宏观经济改革的首要课题。其可能的领域包括:通过税制改革,抑制地方政府的卖地冲动,形成可持续的收入模式;将中央企业在地方的税收分成大幅提高,用于各地的社会保障制度投入；提高地方政府的资源税留成比例；在监管到位的前提下，改良地方政府的投融资平台。总而言之，只有中央与地方重新切分"蛋糕"，才可能在未来继续做大"蛋糕"。

至于均富，也分为两类，即政府与民间的均富，以及有产者与无产者的均富，其内在关系是，若没有政府对民间的均富，有产者与无产者之间的均富也不可能发生。

在过去的 20 年里，政府在经济活动中的得益远远大于民间。2012 年，全国 GDP 为 51.9 万亿元，政府的财政收入为 10.3 万亿元，这还未包括中央企业赢利、地方政府的土地收入和规费收入，汇总计算，政府在经济活动中的得益比例应超过 30％。2013 年 2 月，中国物流与采购联合会公布数据，全国物流企业的运输成本支出约为 3 万亿元，而其中，各地政府征收的过路过桥费就占到 1/3，高达 1 万亿元。另以争议最大的房地产行业为例，据经济学家郎咸平计算，政府总共征收 12 项税和 56 种费用，土地成本及税费占到了房地产平均价格的 70％。他因此呼吁，"房价下降唯一的办法是政府取消税费"。

在未来的改革中，政府实施大规模的减税政策、减轻企业高负痛苦，以及加大对医疗、教育及社会保障体系的投入，是实现均富的根本之道。自先秦诸子以来，"均贫富"就是历代思想家和治国者最为古老和原始的治理理想，四大利益集团唯有获得均衡性的收益才可能维持社会的稳定及进步。大一统的中国很难拒绝一个强大的政府，但应该控制它的欲望。

三个最特殊的战场：国有经济、土地和金融业

在很多人看来，中国经济最不可思议的三个部分，就是庞大的国有经济体系、土地国有化以及政府对民间金融业的全面压制。此三项为未来经济改革的主要战场，已是政经界的共识，不过，在策略选择上存在严重分歧。

在 2012 年,一些被改革拖宕而激怒了的国内经济学家提出了一系列激进的自由化主张,其中包括立即推行土地私有化、国有企业进行私营化改造、撤销国资委、撤销发改委等,有人甚至建议将国有资产以一人一股的方式分配给每一个国民。这些"看上去很美"的主张,在民众中引起极热烈的呼应。然而,若我们回到历史的基本面来观察,也许问题要复杂得多。在历代经济变革中,此三大困疾均为核心命题,关乎国运兴衰,它们如同中央集权制度一诞生下来就随体而至的"胎记",绝非一刀切除便可一劳永逸。

首先,在国有经济改革方面,就如同很多人将中央集权制度与独裁专制画等号一样,国有经济也被打上了意识形态的记号,不少人认为,中国要成为一个完全的市场经济国家,就必须让国有经济退出历史的舞台。但是,这样的必然性推演是否成立,是值得探研的。中国是"国有企业的故乡",自管仲变法以来,政府就开始对重要资源实行专营,到汉武帝晚期对国营政策的质疑就不绝于耳,在公元前 81 年的盐铁会议上,桑弘羊对儒生们提出的那几个问题,一直到今天还没有找到答案。因此,历代政府从来没有一个有勇气消灭国有经济体系。1998 年之后,国有企业通过资源垄断实现暴利的过程,其实是一次并不陌生的"历史性回归"。在没有寻找到更好的国家治理模式之前,对于以"统一"为最重要文化和治理目标的中国来说,国有经济的全面瓦解是不可思议的。在杨小凯看来,"私有化涉及产权的大的变动,短期内一般会使效率下降,所以应该慎重,而且应该掌握时机。但是自由化是可以提早搞的。这里讲的自由化不是指自由价格,而是实行自动注册制,让私人经营所有行业"。[①]

因此,未来国有企业改革的主题不可能是"如何消灭",而是如何管理及分享其利益所得,改革的任务可以被分解为三个方面:第一,"政、党、企三分开",改变现有的国资委与党的组织部双重直接管理的模式,政府以出资人的身份行

---

① 杨小凯:《后发劣势,共和与自由》,北京天则经济研究所双周经济学研讨会,2001 年 12 月 1 日。全文参见 http://www.unirule.org.cn/symposium/c181.htm。

使权职,将企业决策、经营权还给董事会和管理层;第二,"全民企业全民分享",将大部分国有企业的资本注入社保基金池,以转移支付的方式使之成为全社会的福利;第三,改变一百多家中央企业的权益分配模式,地方政府通过税收留成和利润分享的方式参与利益分配,同时将这部分所得定向投入于社会保障和公共设施的建设及维持。

其次,在土地改革方面,自商鞅变法以来,绝大多数的朝代均推行土地私有化政策,当今的土地国有化确乎面临一场法理和政策层面的大检讨。土地改革面临几个无法回避的现实难题:第一,对政府来说,土地不但是利益最大、成本最低的收入来源,而且是实施城镇化建设的政策性资源,若失去操作权,国民经济的运行逻辑将重新设计;第二,在宏观调控中,土地成为消化货币流动性过剩的"大池子",它比印钞机要可靠得多,未来可能爆发的人民币危机需要从土地中得到喘息和缓解;第三,土地成为民间财富重新分配的"变压器",若处置不当,反而会激化贫富矛盾,出现庞大的赤贫阶层,酿成更严重的社会动荡。

因此土地改革的主题不可能是"立即私有化",而是分成几个层面的任务:第一,在充分宣导和对企业大幅度减税的前提下,施行房产税政策,让地方政府既能从土地中持续受益,而又不再依赖一次性的拍卖出让;第二,成立中央、省两级"土地银行",将日后的所有土地出让收入注入其中,进行资产化经营,所得用于社会保障体系的建设;第三,以农用山林地为突破口,小步、循序地进行土地所有制改革的试验。

最后,在金融改革方面,政府对金融业进行国营化管制是国民党人的发明,自1935年法币改革之后,国营资本就全面"接管"了银行业,国民党在台湾仍然维持这一政策,到1987年开放党禁、报禁前后,公营资本在台湾银行业中的比例仍高达79.9%,后来由管制而开放,历经两次"金改",终于将金融业还给了民间。① 因此,金融业开放是市场自由化的最关键性战役。自 1993 年之后,中国的民间金融活动一直遭到打压,而国有银行无论在经济成长期还是在萧条期都能够利用政策手段获得惊人的暴利,民间对之的不满,在 2011 年的东阳吴英案中可见一斑。"千开放,万开放,不如让我办银行",已成非常响亮的呼声。2012年以来,中央政府选择浙江温州、深圳前海等地开展金融创新试点,试图在离岸中心建设、人民币国际化、利率市场化等领域有所突破,这些改革仍然体现出中央放权、地方主导、民间参与的中国式改革特征。随着金融管制的壁垒被次第打破,民营银行在中国经济舞台上的再度归来应是可以期待的。

透过对三大特殊战场的改革路径探索,我们可以看到,尽管中国经济体制改革的难度非常之大,其难点疑点几乎在经济学中找不到"标准答案",然而,三十多年改革留存下来的财富也非常之大,拓进空间充满了想象力。未来十五到二十年,制造业的出口能力、城市化红利、内需消费的井喷以及成为全球第一大经济体的全民预期,都为改革打开了一扇不小的"时间窗口"。

四股前所未见的新势力:互联网、非政府组织、企业家和自由知识分子

在长期的大一统制度之下,中国社会各阶层均有自己的毛病,其中最严重者,是四大意识的缺乏:地方缺乏自治意识、政府与民间缺乏契约意识、知识分子缺乏独立意识、企业家阶层缺乏阶层意识。中国未来能否有大进步,实取决于此四大意识的唤醒。没有一个国家的变革是对历史的亦步亦趋,中国亦不例外。所以,我们不可能排除任何新的可能性。2013 年的中国,变革的力量在朝

---

① 参见叶万安:《从管制到开发:台湾经济自由化的艰辛历程》,天下文化出版公司2011 年版。

野两端同时萌生,尤其重要的是,随着一些民间新势力的出现,这四大意识的缺乏有被改进的迹象。

其一,互联网。尽管互联网诞生于美国,可是它对中国社会的改造,远远大于对美国社会的改造。自 20 世纪 90 年代中期进入中国之后,中国的互联网经济除了技术来自美国之外,在商业模式上几乎全数变异,而强悍的国有资本在这个瞬息万变的领域又毫无作为,因此造就了"阳光创业的一代",这批年轻的创业家积累了惊人的财富,而且完成了中国企业与国际资本的对接,在纳斯达克和纽约证券交易所上市的一百多家中国公司几乎都与互联网产业有关。近年来,电子商务的崛起在传统制造业和服务业领域引爆了一场渠道变革和消费者革命,截至 2012 年 11 月 30 日晚上 9 点 50 分,阿里巴巴的淘宝和天猫两大平台的总交易额已突破 1 万亿元,占全社会消费品零售总额的 5%。更大的改变是,互联网重构了中国的媒体和社交生态,特别是博客和微博的出现,让传统的舆论管制方式无所适从,它们成为了言论自由、舆论监督和推动政务公开的新平台。

其二,非政府组织(NGO)。明清以来的中国,民间活跃着两种非政府组织:一是数以十万计的基层宗族组织,二是以乡籍为纽带、遍布于两万个市镇的商会,它们成为民间自主管理的基础。这两种组织在"土改"、人民公社化运动以及公私合营运动中被相继摧毁,从此之后中国民间在很长时期内如一盘散沙,再无凝聚之力。近十年来,各种非政府组织如雨后春笋般地出现,这是中国进入公民社会和中产时代的标志性事件。它们在上百个领域以各种方式展现了民间自主的力量。目前还没有一个机构公布现有非政府组织的数量,粗略计算应该在 5 万个以上,它们大多不在政府力量的管控范畴之内。2008 年,中华环保联合会公布全国的环保非政府组织有 3539 家,抽样调查显示,在各级民政部门登记的仅占 23.3%。2012 年 3 月,民政部中华慈善捐助信息中心宣称,美国在华非政府组织约有 1000 家,仅有不到 3% 具备了合法身份。这些数据都显示出民间力量拒绝管制的自主姿态。

其三，企业家阶层。截至 2012 年年底，中国有 1085.72 万户私营企业，4050 万个体工商户，人数总和超过韩国的全国人口。中国历史上从未出现过如此人数庞大、富有和拥有力量的有产者阶层，可谓"千年之一大变"。布罗代尔曾很简洁地说道："中国社会，政府的权力太大了，使富有的非统治者不能享有任何真正的安全。对任意征收的恐惧始终挥之不去。"这一景象在当今中国仍然存在，近年来的移民现象便是有产阶层试图逃避的一个折射。然而，绝大多数的经营者仍将继续他们的事业，他们有机会以独立、不依附的精神，改变自己的命运，进而改变中国。

其四，自由知识分子。自隋唐推行科举制度之后，中国实际上便失去了产生自由知识分子阶层的土壤，正是 1905 年的废除科举制，才诱发了 20 世纪初那场灿烂的新文化运动。近十年来，民间出现了众多游离于体制之外、以自己的专业能力谋生的知识分子，越来越广阔的市场空间给予了他们生存的机会。以思想研究为己任的民间智库层出不穷。在博客和微博上，更是涌现出很多大胆的"意见领袖"。

上述四股新势力，对维持中央集权的四大基本制度构成了挑战，以"自上而下的控制"为特征的治理模式面临有史以来最重大的一次改造，而其博弈的过程将贯穿整个中国改革的全历程。没有人能够清晰地告诉我们，二十年后的中国将是一个怎样的模样。对"大国崛起"的高调欢呼，以及对中国崩溃的悲观预言，其实都很难构成历史的全部。

1948 年，在中国游历长达 16 年之久的美国学者费正清完成了《美国与中国》一书，这是第一部以比较研究的办法系统性地考察中国问题的作品，在这部成名作中，费正清用忐忑叵测的心情写道："中国可能选择的道路，各种事件必须流经的渠道，比我们能够轻易想象到的更窄。"[①]到 1983 年，《美国与中国》的第四版修订出版，年迈的费正清仍然小心翼翼地写道："人民共和国内部的革命

① 费正清：《美国与中国》，张理京译，世界知识出版社 1999 年版，第 452 页。

过程,最好作为两场革命来理解,一场是经济方面的,另一场是社会方面的,这两场革命有时互相配合,有时则互相抵触。为发展经济而进行的斗争……我们一般都能懂得。但社会方面的改造却同美国方式大异其趣,令人很难理解。"①

　　如果说科斯将中国崛起看成"人类行为的意外后果",是一种纯粹的西方视角,那么,真正在中国大地上行走过的费正清却宁愿相信中国走在一条"难以理解"却符合自身逻辑的、更"窄"的道路上。也许,他是对的。

---

① 费正清:《美国与中国》,张理京译,世界知识出版社 1999 年版,第 374 页。

跋

  1850年12月,时年45岁的托克维尔在海滨小城索伦托给友人们写信。在过去的十多年里,他因《论美国的民主》一书而闻名欧洲和北美大陆,可是从那以后,他一直为寻找新的写作主题而苦恼不已,他在信中写道:"我一边穿越索伦托的群山,一边开始寻觅主题,它对我来说必须是当代的,并能为我提供一种手段,把事实与思想、历史与哲学本身结合起来。依我看,这就是问题的条件……""青春逝去,光阴荏苒,人届中年;人生苦短,活动范围日蹙。……我只能考虑当代主题。实际上,公众感兴趣、我也感兴趣的只有我们时代的事。"也正在这几封信里,托克维尔宣布将创作一部关于法国大革命的专著,这就是他的另外一部伟大的传世之作——《旧制度与大革命》。

  记得是2010年的盛夏,我曾去过索伦托,那是意大利南部的一个非常幽美的小城,居民依山建屋,面朝大海,小径蜿蜒局促,到处都是花店和精致的小咖啡馆。我在那里闲居数日,游逛过小城的很多山道,却并不知道一百多年前欧洲最先锋的思想家曾在此徘徊焦虑。此时此刻,我开始写作这本《历代经济变革得失》,在查阅资料时,偶然读到这段轶事,便突然地生出别样的亲近，算算年纪，我竟也已四十有五，正感慨于白发间生、岁月流逝，也为写作而日夜焦虑。

对于任何一个钻研学术的人来说，创作主题的选择永远是最要紧的。前辈经济学家张五常曾说："问题有重要与不重要之分，做学问要找重要的入手。生命那么短暂，而一个人的创作期更短。选上不重要的问题下功夫，很容易转眼间断送学术生涯。"于此，我深有体会。从2004年开始，我着手于当代中国企业的实证研究，这个课题的灵感来自于在哈佛大学做访问学者时的几次座谈，我发现西方人对中国经济崛起所知甚少，多有偏见，在2007年和2008年，我出版了《激荡三十年：中国企业1978－2008》上下卷，其间，我又溯源而上，相继写作了《跌荡一百年：中国企业1870－1977》上下卷、《浩荡两千年：中国企业公元前7世纪－1869年》，由此完成了对中国企业的整体叙述。2010年，我还出版了《吴敬琏传》，通过对这位当代知名度最高的经济学家的传记体写作，梳理了新中国成立后宏观经济理论的衍变轨迹。九年以来，这一系列的写作耗去了我今生最好的时光，如今又将我逼到了这本书的面前。

开始本书写作的时刻，中国改革又走到了一个十字路口。我此时的心境，已与2004年决意投入《激荡三十年》写作时，有很大的差别，熟悉我的作品的读者，当有所体察。若说当初尚有"探访者"的兴奋心态，那么，今天的我则如同捧着一只薄胎瓷器的行者，心生畏惧，只求寸进。

我要表达对很多人的感激之情，他们是我的师长、学友、接受我访谈的专业人士、给予我启迪的众多著作者，浙江大学出版社的傅强社长、徐有智总编辑、袁亚春常务副总编辑，我的编辑王留全、余燕龙、陈丽霞和胡志远。

当然最要感激的仍是我的家人。吴舒然同学已是一个长到一米六三的高中生了，我写了那么多的商业书籍仍然没有培养出她对经济的兴趣。邵冰冰嫁给我已经二十年了，我将这本书作为一个纪念品献给她。

书中所有的谬误不当，均由我承担责任。英国历史学家约翰·阿诺德在

《历史之源》中说，历史并不存在"单一的真相"，"因为没有任何事实和真相可以在意义、解释、判断的语境之外被说出"。[①] 我们所见的事实及所作出的论断，总是受到时代视角、意义语境的局限，托克维尔不例外，本书亦不例外。

吴晓波

2013 年 7 月于杭州大运河畔

---

① 约翰·阿诺德：《历史之源》，李里峰译，译林出版社 2008 年版，第 120 页。

图书在版编目(CIP)数据

历代经济变革得失 / 吴晓波著. —杭州:浙江大
学出版社,2013.8
ISBN 978-7-308-11626-8

Ⅰ.①历⋯　Ⅱ.①吴⋯　Ⅲ.①中国经济史—研究
Ⅳ.①F129

中国版本图书馆 CIP 数据核字(2013)第 124255 号

历代经济变革得失

吴晓波　著

策　　划	蓝狮子财经出版中心
责任编辑	胡志远
出版发行	浙江大学出版社
	(杭州市天目山路 148 号　邮政编码 310007)
	(网址:http://www.zjupress.com)
排　　版	浙江时代出版服务有限公司
印　　刷	浙江印刷集团有限公司
开　　本	710mm×1000mm　1/16
印　　张	16
字　　数	230 千
版 印 次	2013 年 8 月第 1 版　2013 年 8 月第 1 次印刷
书　　号	ISBN 978-7-308-11626-8
定　　价	42.00 元